꾸역꾸역이
뭐 어때서!

힘겨운 시간을 버텨내는
2030을 위한 리얼 인생 성장기

꾸역꾸역이
뭐 어때서!

윤진오 지음

바이북스
ByBooks

대학수학능력시험 응시자는 2019년 11월 48만 3천 명, 2020년 12월 42만 6천 명이었다. 그에 반하여 내가 수능시험을 본 2000년에는 89만 6천 명이 응시하면서 역대 최고를 기록했다. 대학교에 입학하기 위한 첫 관문부터 역대급 경쟁률이었다.

대학 졸업 후 취업과 직장생활에서도 그 경쟁은 이어졌다. 내가 입행한 K은행은 상반기 공채를 위해 그 당시 120명을 한 번에 채용했음에도 공채 채용 경쟁률이 145대 1이었다. 경기가 비교적 괜찮았던 시기였기에 채용 규모가 작지 않았으나 그에 못지않게 지원자 수가 상당했다. 이것은 비단 입사만이 아니라 동기들과의 치열한 승진 경쟁을 의미했다. 더욱이 백 명이 넘는 사람을 반기마다 연속적으로 채용한 까닭에 2년, 1년 반, 1년, 6개월 간격으로 경력의 차이가 있는 후배 및 선배와의 불가피한 승진 경쟁이 있었다.

세월이 지나 최근에는 내 집 마련을 필두로 부동산에 관심을 두는 30대가 부각되면서 자산 취득의 경쟁이 시작되었다. 한국감정원에 따르면 2020년 1~5월 서울 아파트 매수자 가운데 30대 비중이

30.7%로 가장 많았다고 할 정도로 비슷한 나이의 사람을 만나면 자연스럽게 나오는 이야기가 청약이나 아파트값이 얼마 올랐다는 자랑이다. 코로나 사태 때문에 2020년 3월 주식 시장이 한때 폭락하면서 부동산에 이어서 주식 이야기에도 내 또래들이 몰입되어 주식으로 돈 번 사례로 누가 잘하고 있는지 경쟁하는 상황이다.

이와 같은 경쟁구조는 언제까지 지속될 것인가? 아마 노후를 맞이하는 70세 이후가 되면 국민연금이 바닥날 수 있다는 두려움을 가진 세대이기에 천국에 가는 그날까지 경쟁체계는 계속된다고 예상한다. 이것이 베이비붐 세대의 자녀로 태어나 경쟁이 삶의 그 자체인 1981년생의 운명이다. 대학교 입학, 졸업, 취업, 결혼 등 인생의 큰 이슈가 있을 때마다 81년생을 비롯하여 1980년 전후로 태어난 베이비붐 세대를 자주 만날 때마다 가슴이 답답해진다. 반갑기도 하지만 치열함으로 사는 모습을 바라보며 짠하기도 하고, 나 역시 최소한 그들만큼 열심히 살아야 한다는 압박을 나도 모르게 느끼기 때문이다. 2019년에 《82년생 김지영》이 영화와 책으로 많은 사랑과 공감을 얻었는데, 1981년생 동갑내기가 이 책을 보고 있다면 나 역시 그들에게 한마디 건네고 싶다. "정말 경쟁 지긋지긋하지? 고생이 많구나, 친구야!"

그런데 문제는 이와 같은 현실이 1981년생을 비롯한 베이비붐 세대만의 이야기가 아니라 한국에서 자라고 생활하고 있는 거의 모든 사람이 직면해 있다는 것이다. 자본주의 사회에서 사람들은 각자 자신만의 꿈을 가지고 목표를 설정한 후 끊임없는 노력을 통해 달성한다. 아쉬운 점은 이렇게 열심히 살았으면 만족스럽고 행복해야 하는데, 자신보다 더 잘 나가는 사람을 만나는 순간 기가 팍 죽고 나의 부족함과 인생의 헛함을 느낀다. 심지어 해외여행을 하는 순간에는 그곳의 풍경과 음식에 집중하면서 재미있게 놀다가도 한국에 돌아오면 고국에 돌아와서 편하고 안정된다는 느낌보다는 바쁘게 움직이는 수많은 사람을 스쳐 가면서 공기마저 경쟁심으로 가득 차 있어서 자신도 모르게 긴장이 된다.

대한민국에 뿌리를 두고 일상을 살아가는 일반적인 한국인의 삶은 비교와 경쟁이 한 사람의 인생을 평생 따라다닌다. 꾸역꾸역 살아가는 일상이 대부분을 차지하고 가끔 찾아오는 희로애락을 경험하고는 한다. 그렇기에 꾸역꾸역 살아가는 날의 의미를 발견하고 어떠한 어려움이 오더라도 버티는 능력은 간과할 수 없는 능력 중 하나이며, 그것의 중요성은 더욱 주목받아야 한다고 믿는다.

특히나 요즘같이 각종 SNS와 동영상을 통해서 각 사람이 가진 능력과 누리고 있는 행복한 순간을 과시하는 데 열중인 시대에서 일상을 살아내는 능력은 천시되어 그러한 순간을 견디지 못하는 젊은 사람들로 넘쳐난다. 책을 읽는 사람은 점점 줄어들어서 지하철을 타는 대부분의 사람은 스마트폰에 열중하고 있고, 궁금한 대상이 있으면 글로 적힌 것보다 유튜브에서 해당하는 영상을 찾아보는 소위 '말발'이 '글발'을 능가하는 시기에 우리는 살고 있다.

《꾸역꾸역이 뭐 어때서!》는 말발보다는 글발을 더 친근하게 느끼는 한 남자의 이야기다. 콤플렉스 많고 너무도 평범한 사람이기에 그래서 더욱 열심히 살고자 노력하면서 어떻게든 하루하루의 삶을 의미 있게 살려고 애쓰는 한 남자의 좌충우돌 인생사를 풀어냈다. 직장인으로 살아가는 41세 남자의 인생 에세이로 보통의 직장인, 열심히 살아가는데 일이 풀리지 않아 고민인 사람, 너무나도 힘든 시기를 보내고 있는 20~30대 청춘이 공감하고 도움이 되었으면 좋겠다.

이 책은 보통의 사람에게 인생이 꾸역꾸역인 이유를 먼저 살펴보고 인생을 돌아보면서 꾸역꾸역의 삶이 일상이었던 과거를 통한 깨달음을 서술했다. 이 책의 하이라이트인 '어떤 상황에서도 꾸역꾸역 버티어내는 원동력'은 힘겨운 인생을 버티어내는 방법을 다양한 측면에서 소개했다. 특히 인생에서 가장 중요하다고 할 수 있는 직장 생활과 취업 과정을 서술해 청년들의 사회 정착에 도움이 되기를 바라는 마음에서 작성했다. 대학교 졸업 후부터 10년 이상 수천 개의 기업을 만나면서 그들의 경영 이슈를 해결하는 역할을 감당한 경험을 녹아내어 직장생활에서의 문제를 분석했다. 1년 안에 그만두거나 이직하는 사회 초년생이 부쩍 많아진 요즘 세상에 더욱 필요한 이야기라 생각했다. 마지막으로 꾸역꾸역 인생을 버티는 것을 넘어 풍요롭게 빛내주는 요소를 기술하여 힘찬 미래를 꿈꾸는 방안을 소개했다.

때로는 이를 악물고 버티고, 때로는 세상의 요소요소로부터 무언가를 배우면서, 때로는 중간중간에 숨 고르기를 할 수 있는 여유를 만끽하면서 지치지 않고 포기하지 않으며 꾸역꾸역 살아가는 이야기로 내 인생은 가득하다. 나처럼 평범한 사람들이 용기나 희망을 받아 꿋

꿋하게 살아감에 작게나마 도움이 된다면, 책 한 권을 만들기 위한 그간의 노력이 모두 보람으로 느껴질 것으로 예상한다. 진정성을 가지고 기술하고 편집한 마음이 그대로 전달된다면 여한이 없을 것이다.

이 책을 하나님, 사랑하는 아내, 그리고 우리의 기도를 들으신 하나님의 기적으로 늦은 나이에 세상에 나온 자녀 하준에게 바친다.

C O N T E N T S

chapter 2
꾸역꾸역 내 인생,
극과 극으로 살았던 청춘

chapter 3

어떤 상황에서도
꾸역꾸역 버티어내는 원동력

chapter 4

현실의 꾸역꾸역을 넘어
희망찬 미래로

꾸역꾸역이

불가피한 원인

보통 사람에게
꾸역꾸역은
일상이다

복잡해서 외로워서
인생은 어렵다

인생이 어렵게 느껴지는 이유는 곱셈

지금 이 순간의 삶이 어떠냐고 누군가가 물어보면, 한마디로 전반적으로 만족스럽다고 답하고 싶다. 하루하루 살아감이 매우 감사하고 유익하다. 그런데 가끔 찾아오는 인생의 힘겨움은 불편한 손님이기도 하다. 이 손님은 사람과 상황을 가리지 않고 찾아와서 부와 명예를 가진 유명 연예인들조차 우울증과 죽음으로 내몰고 있다. "아, 테스형!"을 외치는 까닭은 여러 가지가 있겠으나 인생이 많은 요소로 엉켜 있기 때문이라고 생각한다.

어떤 사람이 잘살고 있는지 평가할 때 돈으로만 판단하는 일부의 사람이 있지만, 우리의 인생은 직업, 학업, 재테크, 집, 건강, 가족, 우정, 사랑 등 무엇 하나 소홀할 수 없는 요소로 결합하여 있다. 그렇기에 내가 정의하는 인생은 곱셈이다. 인생에 수반되는 위와 같은 중요 요소 중 하나라도 삐걱거리는 순간 나머지 삶에도 상당한 타격이 생기는 곱셈 관계의 수식이다. 인생이 만일 여러 요소가 합쳐서 총점을 매길 수 있는 덧셈이었다면, 어느 한 부분만 집중해서 그것만 신경 쓰며 살면 된다. 그러나 여러 요소가 곱셈으로 얽힌 까닭에 어느 하나에라도 신경을 안 쓰다가는 그것이 0에 가까워지기에 행복 지수가 급격히 떨어지거나 주위로부터 정신을 차리라고 핀잔을 듣는다. 따라서 누군가를 만날 때 단순히 안녕하냐고 묻지 말고 이렇게 묻고 싶다.

"당신 인생의 곱셈 요소는 안녕하십니까? 곱셈 요소 하나하나에 신경 쓰느라 매일 수고하십니다."

우리가 사는 세상은 위험 요소가 혼합되어 있다

- 블랙 스완: 관찰과 경험에 의존한 예측을 벗어나 예기치 못한 극단적 상황이 일어나는 일
- 그레이 스완: 어느 정도 예측이 가능하지만 마땅한 해결책이 없는 리스크 상시 체계로 발생하면 시장에 상당한 충격을 주는 사건
- 화이트 스완: 반복되어 오는 위기임에도 불구하고 뚜렷한 해결책을 제시하지 못하는 상황

인생이 어려운 이유는 이 세 가지 스완이 수시로 우리의 삶을 파고들기 때문이다. 뻔히 약한 분야이며 이미 많이 경험한 실수인데, 여전히 그곳에서 허우적거리면서 화이트 스완의 무게 앞에 저절로

고개가 숙여진다. 그리고 문제가 커지면 충격을 줄 수 있는 사안이라고 뻔히 알고 있으나 어떻게 처리할 방법을 몰라서 일어나지 않기만을 바라는 처사가 그레이 스완이다. 개인적으로 가장 무섭고, 어떻게 해결해야 할지 순간 멍해지는 것은 블랙 스완이다. 화이트 스완과 그레이 스완은 눈에 어느 정도 보이므로 방어 태세가 비교적 갖추어져 있고, 어떻게 해결해야 할지 그 전에 생각해 볼 기회가 있어서 그나마 다행이다. 그러나 블랙 스완은 느닷없이 찾아와서 우리를 큰 혼란에 빠지게 하는 상황을 자주 연출한다. 증권분석가이자 투자전문가로 일했던 미국 뉴욕대 폴리테크닉연구소 교수인 나심 니콜라스 탈레브가 2007년 월스트리트의 허상을 파헤친 《블랙 스완》이라는 책을 출간하면서 '블랙 스완(Black Swan)'이라는 말이 경제 영역에서 널리 사용되기 시작했는데, 그 까닭은 세 가지의 위험 요소 중 가장 강력하기 때문일 것이다.

코로나 사태처럼 블랙 스완이 찾아오면 평소에 가진 기질이나 위기 처리 능력으로 해결하는 수밖에 없다. 전혀 예상치도 못한 문제를 헤쳐 나가기 위해 이리저리 애써 보지만, 하나의 블랙 스완 때문에 여러 문제가 동시에 느닷없이 다가오니 혼란스러움에 지치기 쉽다. 그리고 원하는 바를 이루기 위해 계획을 실행하고 있는데, 블랙 스완이 찾아와서 뜻하지 않던 방향이 설정되니 인간의 의지와 노력은 그리 중요하지 않게 인식된다. 즉 위험 요소를 찾아내서 대비하겠다는 생각이 교만이며, 그 교만이 그릇된 판단과 연결되어 위험에 빠져 더욱 좌절하게 할 수 있다.

결국, 혼자 짊어지고 가야 한다

아무리 사랑하는 사람이 힘들고 괴로워해도 타인이 그를 위해 할 수 있는 영역은 한계가 있다. 남은 음식은 누가 먹어주거나 버릴 수 있지만, 인생은 다른 이가 대신 살아줄 수 없는 철저한 "1인분"이다. 자기 목숨을 유지하는 것은 우상도, 멘토도, 부모도, 제일 친한 친구도 대신해주지 못한다. 그들은 나의 힘든 삶에 대해 들어주며, 울고 싶을 때는 안아주고, 같이 갈 수 있는 범위까지는 동행하지만 할 수 있는 범위는 거기까지다.

인생은 짧다고 하지만 그것은 각자가 겪는 고통의 과정을 등한시하는 말이라 생각한다. 우여곡절과 사건·사고를 통과하는 순간에 처해 있는 사람에게 시간이 너무 빠르게 지나간다는 말만큼 잔인한 말도 없다. 예를 들어 군대에 있는 사람에게 세월이 너무 빨리 간다고 하소연하는 것처럼 끔찍한 말이 있을까? 지나고 보면 짧게 느껴질 하루, 일주일, 한 달이라도 고난을 겪는 사람에게는 1년이나 10년 같이 느껴진다. 그 시간을 버텨야 할 사람은 궁극적으로 그 사람뿐이기에 일인분의 인생이 아니라 몇십 명의 인생을 혼자 산다고 느낄 수 있다. 이 사실 때문에 개인적으로 타인이 내가 처한 환경이나 마음을 잘 알아줄 것이라는 기대를 거의 안 하는 편이다. 가족이나 친구에게 용기를 내어 솔직한 고민을 이야기했을 때, 그 기대는 가슴 아프게도 충족되지 않는 경우가 많았다. 그리고 세상을 변화시키고 다르게 만들겠다고 공약하는 정당과 정치인에게 고심하여 투표하고 기대를 하지만 체감할 수 있는 변화를 경험하기 어려웠다. 정부, 가족, 친구가 내 삶을 온전히 책임질 수 없다는 인생의 전제를 인정하게 되었다.

결국, 혼자 짊어지고 가야 하는 인생에서 이번의 힘든 단계를 극복하면 다음 스테이지로 이어지고, 더 난도가 높아지는 상황에 직면하는 등 게임과 같은 경험을 우리가 하고 있다. 대학 입시의 압박을 받으며 보내는 고등학교, 대학생이 되자 경험하는 자유로움과 홀가분함은 어디론가로 쉽게 사라지고 취업을 앞두고 겪는 고뇌와 자존감 상실, 결혼한 후 찾아오는 환상의 무너짐 등 산 넘어 산인 인생의 고난이 매번 기다리고 있기 때문이다.

내게 주어진 생명이 허용하는 한, 그 게임을 우리는 해야 한다. 힘든 인생이기에 흔히 '인생은 고(苦)'라 표현하는데, 인생 끝날까지 계속 가야 하기에 '인생은 GO'이기도 하다. 너무 자주 넘어져도 다시 일어나 가야 한다. 게임을 계속할 수 있는 코인이 제공되는 날까지 계속 가는 것이다. 즉 생명과 건강이 허락하는 한 정진함이 인간에게 주어진 숙명이다.

인간의 특성이
인생을 어렵게 한다

진정한 부자는 이 세상에 없다

몇 년 전부터 아파트값이 계속 치솟으면서 한국의 많은 국민은 부동산에 삶의 희망을 거는 까닭에 부동산 열기가 좀처럼 식지 않고 있다. 부에 대한 관심이 높아지는 요즘 상황을 살피어 부자의 정의에 대해 생각해본다. 사람의 생활 수준을 구분할 때 우리는 주로 돈이라는 잣대와 숫자로 부자를 구분한다. 그런데 전 직장과 현 직장의 업무 관계로 부를 갖춘 여러 기업 대표를 만났으나 그들 중 상당수는 부자가 절대로 아니라며 손사래를 쳤다. 더 부자인 사람이 있어서 그럴까? 아니면 진정한 부자의 정의는 따로 있는가?

대부분 직장인은 회사를 중심으로 거처를 정하고 월급에 맞추어 소비 한도를 설정하면서 살아간다. 만일 이직이나 퇴직의 사유로 수입이 감소하면 마음이 불안해지면서 어떻게 해결해야 하는지 공포와 고민이 순식간에 찾아온다. 비단 직장인이 아니더라도 자신이 투자

한 주식, 부동산, 뮤추얼 펀드나 채권 등이 오르기만을 기다리며 하루하루를 살아가고 있다. 이들을 통해 공통으로 발견되는 사실은 자신 스스로 할 수 있는 영역은 소외된 채, 남과 외부 환경이 주도적으로 통제하는 범위에서 부가 정해지는 한계를 지녔다는 점이다.

즉 부의 크기가 자신의 통제가 아닌 타인과 시장에 의해 좌지우지되면서 기분이 천국과 지옥을 넘나든다. 주식이 폭락하는 날에는 더 떨어질까 봐 불안해서 미칠 듯하고, 오르는 날에는 세상을 다 가진 느낌이 든다. 더욱이 어느 정도의 부를 갖추었으면 그것에서 만족을 느끼면 되는데 인간의 욕심은 끝이 없어서 탐욕이 우리를 불행하게 한다.

예를 들어 자신이 투자한 주식에서 수익률 20%를 냈으면 요즘 같은 저금리 기조에서 상당히 우수한 성과를 거둔 것임에도 그 이상의 수익을 낸 사람을 보면서 부러워하고 그렇게 하지 않은 자신을 자책하면서 부가 증가해도 쉽게 행복감이 그만큼 증가하지 않는다.

완전한 부자라면 자신의 인생이 남에게 좌지우지되지 않고, 독립적으로 살아갈 수 있는 사람이라고 생각한다. 하지만 각 사람이 가진 사업이나 자산으로 부를 판단하는 이 세상에서 그것이 순식간에 없어지거나 감소할 수 있음을 생각한다면, 완전한 부자는 이 세상에 찾아보기 어렵다. 그리고 아무리 돈을 많이 벌어도 더 부자인 사람은 항상 존재하고, 지금 가진 재물에 만족감이 생기지 않아 항상 모자라다. 즉 모든 위험 변수를 통제할 수 있는 인간은 없으며 우위에 있는 비교 대상이 한 명이라도 존재하는 한 우리는 아무리 큰 부를 가져도 만족을 못 하고 불안해한다. 불안이 우리를 불행하게 만든다.

아무리 잘 나가도 망각하면 안 되는 인생의 끝

인생이 잘 나갈 때와 잘 안 풀릴 때 동반하는 사고는 두 갈래로 나뉜다. 인생이 안 풀리면 그 문제에 사로잡혀서 우울감이 인생 전체의 요소와 시간에 영향을 미친다. 인생에 회의를 느끼는 순간, 진행 중인 모든 일에 손이 잘 안 잡힌다. 반면 잘 나가면 인생을 영원히 사는 듯하고, 내 인생에 아무 문제가 없다는 착각을 하면서 산다. 그 까닭에 사람들은 잘 나가는 순간을 소망하면서 그 꿈을 위해서라면 지금의 고뇌와 아픔은 필수라고 자위하면서 버티고 또 버틴다.

그런데 잘 나가는 순간과 그것을 위한 인내를 고수하다가 우연한 기회에 만나는 죽음이라는 인생의 끝을 직면하면 허무가 밀려온다. 모든 인간은 언제 훅 갈지 모른다는 사실이 아무리 잘 나가는 사람도 잠시 멈추고 그것에 주목하게 한다. 죽음을 앞둔 노인이 주로 후회하는 사항은 과거에 하고 싶은 버킷리스트에 도전하지 못하고, 타인을 더 사랑해주지 못한 것이라 한다. 죽음에 직면해야 가장 소중한 것을 놓치고 있음을 깨닫게 한다.

너무 열심히 살면 원망이 나온다

인생을 통틀어서 만난 사람과 지금 내 옆에서 언제나 지켜봐 주는 아내가 공통으로 자주 나에게 하는 말은 "매 순간 참 열심히 산다." 이다. 스스로 생각해봐도 이 말을 부인할 수 없는데, 열심히 사는 인생을 돌아볼 때 나오는 고백은 그것의 부작용이다. 즉 너무 열심히 살면 욕심이 생기고 그에 따르는 대가를 요구하게 된다. 우리가 하는 모든 일과 노력에서 그에 따르는 성과가 있기를 기대하지는 않지만, 최소한 이 정도는 결과물이 있기를 바라는 마음이 노력의 크기에 비례하여 발생한다. 그 까닭에 우리가 원망하는 흔한 주제 중 하나는 뜻대로 인생이 풀리지 않는다는 하소연이다. 시간과 노력을 들인 만큼 결과가 나와야 한다는 전제를 가지고 살기 때문에 그렇게 되지 않으면 불평과 후회가 생긴다.

우리는 또한 코뿔소와 같은 구석이 있어서 열심을 자기 기준에서 해석하여 원하는 결과를 얻지 못하기도 한다. 코뿔소의 약점은 10m 이상 떨어진 물체를 보지 못하는 시야에 있는데, 장기적이며 종합적인 안목으로 보지 못하고 자기의 시각으로 판단하고 열심을 내는 우리와 많이 닮았다. 열심히 살아도 제대로 된 방향을 찾지 못하면 헛된 인생에 불과함에도 결과가 나오지 않는다고 남과 환경을 탓하는 우리이다.

지나친 열심 때문에 과도한 욕심이 생기고, 열심히 해도 잘 안 되면 주위를 탓하는 건 '노력'이라는 단어가 유발하는 부정적 영향이다.

혼자가 아니라서 오히려 인생이 어려운 때가 있다

TV를 특히 드라마를 안 좋아하는 관계로 평생 처음부터 끝까지 시청한 한국 드라마는 손에 꼽을 정도이다. 그중 아직도 기억나는 드라마는 〈내 이름은 김삼순〉으로 다니엘 헤니와 정려원이 나누었던 대화 중에 팍팍 귀에 꽂히는 대사가 있었다.

"Have you noticed that everyone in this world seems to be moving forward and yet you seem to be stuck in the past, like a frozen clock(이 세상의 사람들은 앞으로 움직이고 있는데, 고장이 난 시계처럼 당신만 과거에 머물러 있는 듯 느낀 적이 있나요)?"

"How come you know me better than I do(어떻게 당신이 나보다 나를 더 잘 알지)?"

첫째 대사와 같은 느낌을 받을 때가 있다. 무한 경쟁인 자본주의 사회에서 살아가기 위해 나름으로 열심히 살고 있는데도 불구하고, 남들은 계속 앞서가지만 유독 나만 정체되어 살고 있다는 느낌을 받는다. 뭔가 일이 잘 풀리지 않거나, 노력이나 시간 대비 결과물이 헛헛하거나, 무언가를 이루긴 했는데 막상 기분은 별로인 상황을 마주한다.

둘째 대사와 같이 나 자신도 몰랐던 마음을 다른 사람에게 읽혀서 놀랄 때가 있다. 내 마음은 내가 가장 잘 알지만 이에 대해 외면을 하거나 깊게 생각하지 않고 있었는데, 그것을 일깨워주는 사람을 만날 때 고마우면서 약간은 두려워진다. 문제가 있어도 외면한 채 살아가려고 했던 무의식적 행동이 뻔히 드러나고, 어떠한 사유로 그 마음을 들켰는지 걱정이 된다. 누군가에게 보여준다는 사실을 알고, 글을 쓰는 행위도 마찬가지이다. '굳이 이 이야기까지 써야 하나?', '나만 알고 있으면 안 될까?', '너무 뻔한 이야기 아닌가?' 등의 생각이 드는 것이다. 그리하여 용기를 내어 행동하려다가도 멈칫거리거나 솔직하게 자신의 마음을 터놓지 못하는 일이 비일비재하다.

우리는 사람과 사람이 모여서 같이 살아간다. 가족, 친구, 동료, 각종 커뮤니티 동료 등이 있어서 행복을 느끼고 힘이 된다. 하지만 혼자가 아니라고 해서 좋기만 한 것은 아니다. 혼자가 아니라 다른 사람과 살아가야 해서 비교를 하고 눈치를 본다. 혼자 있으나 둘이 있으나 어려움은 우리의 삶 속을 계속해서 파고든다.

대한민국의 특성도 간과할 수 없다

결과로 말하는 세상

영리 비영리의 구분을 막론하고 조직에서 어떤 일을 하고 나서 받는 피드백을 생각해 보면 딱 한마디가 떠오른다. 당시에 왜 그 일이 시작되었고 필요했는지 크게 중요하지 않다. 사람들의 관심은 어떠한 성과나 실적을 나타냈는지에 쏠리는 경우가 많다. 영리를 추구하는 회사에서뿐만 아니라 비영리나 공공기관에도 이와 같은 성과 중심주의가 퍼져 있다. 심지어 실패할 가능성이 큰 연구 분야에서도 정부 기관으로부터 투자를 받으면 연구와 사업이 웬만하면 성공으로 결론이 나야 한다. 돈을 제대로 썼는지 판단하는 최우선 기준은 결국 결과이다. 연구나 사업에는 리스크가 존재하므로 어떤 일이나 실험을 착수하다가 실패를 할 수 있고, 어떤 아이디어가 사업화되기 위해서는 상당한 시일이 소요된다. 그러나 이와 같은 현실을 무시한 채 연구개발 성공률 80~90%를 기록하는 현상이 대한민국 땅에서 벌어지고 있다. 성공하기 쉬운 주제나 달성하기 어렵지 않은 목표를 설정한 결과, 다른 나라에서는 찾아보기 힘든 기적적인 성공률의 결과를 창출한다.

그리고 성공한 사람이 저술한 자서전을 읽어보면 주위에서 심하게 반대하는 분야나 방향에서도 자신만의 길을 갔다고 회고함을 발견한다. 그때 당시에는 자기만 다른 방향으로 가는 그 자체가 두려웠을 테고, 주위의 반대로 인해 내적 갈등이 매우 심했을 것이다. 그들이 결과론적으로 성공했기 때문에 그 고통의 시간이 무마된다. 다른 방향으로 갔는데 실패를 했다면 세상이 주목하지 않았으며 그 사람이 누군지 아는 사람이 적었을 것이다.

과정이 중요하긴 하지만 결과로 말함이 이 세상이자 한국 사회이다. 아무리 비판을 받아도 결과가 좋으면 세상의 관점이 달라진다. 과정이 아무리 좋았어도 결과가 안 좋으면 그간의 고생과 평판은 물거품이 되는 경험을 반복하는 보통 사람의 인생과는 대조적이다.

소극성도 습관이고 한국의 문화다

한국에서 자라는 아이는 특별하거나 독특하다는 차별화 의식보다 사회의 일원으로 잘 자라나길 교육받으며 자라난다. 부모님 말씀 잘 듣고, 친구와 사이좋게 지내고, 수업 시간에 떠들지 않는 모범적인 학생으로 자라라고 교육받는다. 이러한 까닭에 10대의 정점이라고 할 수 있는 고등학생 시절에는 대부분 대학교 입학을 위해 목숨을 건

다. 학교에 갔다가 학원이나 독서실로 향하는 거대한 버스 행렬의 진
풍경이 매일 펼쳐진다. 다문화의 나라가 아니다 보니 그렇지 않아도
인종도 거의 다 비슷한데, 같은 교복까지 입는 획일성을 넘어 생활
패턴과 목표까지 동일한 것이다. 이 현실은 외국인들의 눈에 매우 비
합리적이고 폭력적으로 비칠 수 있어서 변화를 요구하는 모습을 자
주 목격했지만, 한국인은 불만이 있어도 누구 하나 이 시스템을 변화
시키려 하지 않는 점이 매우 안타깝다. 진보나 보수 어느 진영이 교
육감을 차지하든지 상관없이 명문 대학 입학이 최우선 순위인 교육
목표는 세월이 지나도 변하지 않는다. 변화하지 않았고, 변화하지 않
으며, 앞으로도 그러지 아니할 것이다.

그러다 보니 이 습관이 우리의 남은 인생도 지배한다. 평생을 살아
도 '나만의 것, 내 강점, 내 권리와 의무' 등의 개인적 가치가 그다지
중요시되지 않고, 대세와 유행 등에 묻어가는 소극성이 꼬리를 물고
따라다닌다. "가만히 있으면 중간이라도 간다"와 같은 말에 튀지 말라
는 사회적 압력이 존재한다. 자신이 태어난 바나 추구하는 대로 살아
가도 인생이 쉽지 않은데, 주위를 의식하면서 눈치를 봐야 하니 그 비
교에 따른 긴장감이 높아져 한국인의 삶을 더 우울하게 만들고 있다.

객관식 시험의 폐해

우리 사회를 가만히 살펴보면 어렸을 때부터 사지선다 중에서 정

답을 찾는 사고에 길들여 있어서 그런지 인생에서도 사회 분위기상 정해 놓은 인생의 선택지 중 하나를 추구하기 위해 사는 듯하다. 대학은 최소 서울 소재, 직장은 공무원, 집은 무조건 아파트 등 소수의 정해진 옵션 중에서 택일해야 하는 듯한 압박을 느낀다. 삶에 대해 정해진 기준에 맞춰 잣대를 대어가며 이렇게 저렇게 살아야 한다고 우리 스스로 아니면 부모님, 친구, 동료에 의해 인생의 방향과 방법이 제한된다. 이 까닭에 정해진 그 기준에 미달이 되면, 경쟁에서 뒤처진다는 느낌을 감출 수 없다.

사지선다에는 다양한 답이 존재하지 않아서 스스로 판단하고 자신만의 주장을 만들어가는 과정을 요구하지 않는다. 이와 같은 특성이 있는 사지선다에 익숙한 학습 습관이 학교를 졸업 후 성인이 되어도 이어져, 사회적으로 선호하는 인생 방향 중에 고르는 삶에 영향을 미친다. 자신과 다르면 배척하고, 남이 나보다 잘나면 배 아파하며, 남의 잘못이나 흠이 보이면 지적해야 성이 풀리는 습관이 사회 만연에 퍼져 있다는 점도 정해진 답이 있다는 인식이 만드는 폐해이다.

학교에서는 정답을 고르는 연습을 줄기차게 계속하지만, 학생의 신분을 벗어나 세상으로 나오면 하나의 정답이 있어서 그것에 맞추어 해석할 수 없는 사안으로 가득하다. 정답 찾기에 익숙한 그들이 스스로 답을 찾고 자신만의 생각으로 사회를 바라보고 살려고 하니 어떻게 살아야 할지 막막해져서 인생은 더 어렵게 다가온다.

우유부단함을 야기하는 격언

어른들의 말씀이나 오래된 격언이라고 해서 우리가 살아가는 시대상에 모두 적용하거나 신뢰할 수는 없다고 생각한다. 그러한 생각에 이바지하는 어구 중 하나는 '이왕이면 다홍치마'이다. 그 격언이 우리 사회에 적지 않은 폐해를 양산한다고 지적하고 싶다. 우리는 모두 불완전하지만, 이왕이면 더 좋은 조건을 가진 대상을 취하라고 서로에게 권하면서 수요자와 공급자, 남자와 여자, 구인자와 구직자 등의 관계에서 서로의 눈높이만 높아져서 시도조차 못 하는 세태를 만들고 있다. 예를 들어 이왕 결혼할 바에는 여러 요소를 다 따지며 결혼하고 싶어 한다. 연봉, 외모, 키, 아파트, 성격, 취미 등을 기준으로 삼아서 그것들에 충족되지 않으면 고민을 계속하는 사람이 주위에 넘쳐난다. 그 결과 나이가 들어도 연애를 하지 않는 사람들이 많으며, 종교가 있는 사람은 같은 종교나 믿음의 신실성도 따지면서 연애의 가능성을 더욱 낮춘다.

그리고 자기가 어느 정도 똑똑하다고 생각하는 인 서울 대학생은 이왕 취업할 바에는 공기업과 대기업에 취업을 원한다. 연봉은 최소 얼마, 실질적으로 수혜 가능한 복리후생, 회사의 인지도, 인 서울 회사 위치, 워라밸 등 그들이 진정으로 입사하고 싶은 회사는 정해져 있다. 그래서 입사 시기가 늦어지더라도 중소기업에 입사 지원을 하는 경우는 드물어서 중소기업은 사상 최악의 청년 실업률에도 인력 부족의 미스 매칭을 계속 겪고 있다.

십여 년 전에는 한국 사람이 술을 너무 많이 먹어서 술을 권하는 사회라고 일컬었다면, 요즘 세상은 완벽을 추구하여 완벽을 권하는 사회가 되어 버렸다.

꾸역꾸역 내 인생,

극과 극으로 살았던 청춘

인생 고백,

꾸역꾸역 살아온

청춘까지의 20여 년은

기적이었다

꾸역꾸역 내 인생 ✦
인생 시작부터 꾸역꾸역

내려놓음을 학습한 유년 시절

비교적 가난했던 어린 시절에 가지고 싶은 물건이 있어도 그것을 사달라고 부모님에게 조른 적이 별로 없었다. 집의 형편을 봐서는 사주기가 어렵고 사주더라도 부모님 마음이 그리 즐겁지 않겠다고 짐작했었다. 현실에서는 원하는 물건을 가질 수 없으니 그 욕구를 해소할 무언가가 필요했는데, 그것은 꿈이었다. 잠을 잘 때 꿈을 꾸면서 하고 싶고, 먹고 싶고, 가지고 싶을 것을 잠깐 소유하는 꿈을 꾸는 일이 매일같이 반복되었다. 너무 행복한 나머지 이 행복감을 마음껏 누리고 싶어서 그 상황에 완전히 몰입하고 있는데, 어느새 눈을 떠보니 원하던 물건은 하나도 남김없이 어디론가로 사라지고 바뀐 환경은 아무것도 없었다. 이러한 일장춘몽을 계속 겪다 보니 원하는 바를 소유하고 있는 상황에 직면하면, 그것이 현실이 아니므로 그 꿈에서 깨어나라고 스스로 지시했다. 즉 꿈을 꾸고 있다는 사실을 꿈을 꾸는 중에 인식하는 습관을 형성했다. 꿈을 꾸는 중에 그것이 꿈일 뿐이고 현실에는 아무것도 없으니 정신을 차리라고 자신을 다독이면서 잠을 청하는 일이 다반사였다.

이와 같은 상황은 초등학교에 입학해서도 똑같이 이어졌다. 꿈에서만 원하는 바를 이루지 말고 현실에서 성취와 만족을 쟁취하고자 노력했다. 그러나 아쉽게도 무언가를 반드시 해야 한다고 잔뜩 기대하고 기다리고 있으면, 그 예상은 여지없이 빗나갔다. 당연히 된다고 믿었던 영역에서도 그 기대와는 어긋났다. 반대로 아무런 기대를 하지도 않았고, 될 가능성이 전혀 없던 사안에서는 놀랍게도 뜻하지 않은 행운이 찾아왔다. 예를 들어 학교에서 주최하는 행사에서 상을 받기 위해 매우 열심히 고민하고 신중하게 준비한 것에서는 그 노력과 상관없이 기대는 거의 현실이 되지 않았다. 반대로 아무 생각 없이 대충 임한 행사에서는 예상 밖으로 내 이름이 호명되며 전교생 앞에서 상을 받기도 했다.

그 인생 속에서 배운 사항은 이루어진다고 믿는 의지와 뜻을 내려놓는 연습이었다. 비교적 어린 나이였음에도 원하고 필요한 대상은 정해져 있으나 그것이 안 돼도 기쁨으로 인생을 사는 연습을 시작한 것이다.

인생의 황금기 10대는 초절정으로 간신히 살았다

매우 소심하고 자신감이 부족했던 어린 시절을 보냈기에 10대의 시절에 도대체 해 본 사항이 뭐가 있는지 아무리 생각을 해 봐도 딱히 떠오르지 않는다. 다만 가장 큰 후회가 마음 한쪽에 여전히 남아 있다. 바로 진학을 희망하는 고등학교를 선택해야 하는 중학교 3학년 때의 결정이다. 주관이 뚜렷해지기 전의 나는 너무 순진해서 교사의 말은 웬만하면 다 따라야 한다고 믿었다. 권위 있는 사람에게 거절할 줄 몰랐다. 그 당시 담임 선생님은 내가 극도로 원하지 않았던 어느 고등학교에 지원하라고 했고, 부모님도 그렇게 생각한다고 하시기에 울며 겨자 먹기로 수긍했다. 그 결과는 매우 끔찍해서 악몽과 같은 3년을 보내면서 가장 후회한 일 중 하나가 되었다.

고등학교 때 얼마나 적응이 안 되고 숨이 막혔으면 부모님에게 전학시켜달라고 매우 졸랐지만, 오히려 사춘기 시절에 흔히 하는 말이라고 치부 당했다. 문제를 해결하지 못하고 시간이 갈수록 심해져서 남들은 고등학교 때가 재미있었다고 앞다투어 이야기하는데, 고등학교 3년을 추억이 아닌 괴로움으로 처음부터 끝까지 장식했다. 그러한 일을 겪으면서 결심을 한 사항은 하나다.

'결과가 실패든 성공이든 인생에서 매우 중요한 결정은 내가 한다.'

이처럼 살 수 없다고 판단한 20대에는 미친 듯이 하고 싶은 것은 다 해보면서 살았다고 해도 과언이 아니었다.

꾸역꾸역 내 인생 ✦
대학 생활은 10대와는 무조건 반대로

너무 열심히 살았던 대학 4년

대학교 1학년 때 학교에서 하는 행사가 무엇이 있는지 보기 위해 게시판을 둘러보다가 방학 맞이 취업 특강이 눈에 들어왔다. 방학 때라 많은 사람이 참석하리라 예상하지 않았지만, 지인들 역시 관심이 없어서 같이 참여하지 못하고 홀로 그 강의장으로 발걸음을 옮겼다. 참석한 사람을 둘러보니 거의 모두 나이가 제법 있어 보였던 까닭에 강사는 나를 격하게 칭찬했다. "유일하게 1학년이 참석했네요~ 취업 준비는 1학년 때부터 해야 해요." 그때 선배들의 나를 보는 삐딱한 시선이 느껴졌다. '저 xx는 뭐야?'

대학교 2학년 때 동아리 생활을 하면서 매주 토요일 정기모임과 주중 아이디어 회의에 빠짐없이 참석했다. 어느 날 주중 회의를 위한 모임에 참석하기 위해 약속 시각보다 일찍 도착했는데, 이화여대에 다니는 선배가 나에게 다음과 같은 말을 했다.

"넌 너무 성실해서 탈이야, 좀 놀아." 그녀도 학창 시절 성실하게 열심히 공부했고, 동아리 활동 역시 적극적으로 하는 사람이 그런 말을 할 줄은 전혀 몰랐다.

대학교 3학년 때 12월 6일을 기준으로 플래너에 쓰인 해야 할 일은 다음과 같았다.

- 학교 기말고사: 시험 3개와 시험 대체 발표 PPT
- 학교 과제: 사진 인쇄 5개와 리포트 6장짜리 2개
- 외부 활동: 미샤 광고 모니터링 활동의 과제와 발표, 글로벌 리더십 활동의 팀 미팅, KFC 대학생 마케터 모임, 내년도 교환학생 모임, 끌레도르 객원 마케터 모임
- 송년회: 고등학교 동창, 카투사 동기, 교회 형 등과 각각 송년회
- 교회: 결혼식 축가와 성탄절 행사 준비 미팅
- 기타: 내과, 정형외과, 치과 등 하루에 몰아서 병원 투어, 계절학기 수강, 영어 공부 등 교환학생으로 1월의 출국 준비

이와 같은 스케줄을 당시 모든 대학생이 애용하던 싸이월드에 기록했는데, 그때 달린 첫째와 둘째 댓글은 이랬다. "우웩" 그리고 "잘났어! 정말"

대학교 4학년 때 취업을 위해 대기업 L사의 인턴 모집 공고에 지원했었다. 운이 좋게도 서류전형을 통과하고 면접을 보러 갔다가 다음과 같은 평을 들었다. 자기소개서와 이력서를 살펴보더니 그가 하

는 말, "인간이 이렇게 성실할 수 있다니 놀랍네요! 수많은 지원자를 봤었지만 이렇게 열심히 사는 사람은 처음이네요. 비결이 무엇인지 가르쳐주세요!"

종합적으로 말하면 대학 4년은 제대로 된 쉼과 여유는 천국에서 즐길 수 있으려나 생각하면서 버틴 세월이었다. 열심히 살아가는 주위 사람들이 보기에도 나의 열심은 대단한 무엇이었다. 내가 정말 열심히 살기는 했나 보다.

결과에 상관없이 도전한다

스스로 경제활동을 할 수는 없었던 나이였기에 부모와 환경이 뒷받침되어야 꿈을 이루며 성취감을 맛볼 수 있었다. 아쉽게도 그와 같은 기회가 차단되면서 그 욕구가 억압되었다. 그 결과 어느 정도 자기 주도성이 생기는 대학생 때부터 스스로 쟁취해 나가겠다는 다짐을 하면서 대학에 입학했다.

대학교 때 목표는 단 하나였다. "대학생이기에 할 수 있는 것은 최대한 해보자!"는 것이었다. 그러한 신조로 살아갔기에 대학 졸업 전까지 내 모습은 빡빡한 일정과 도전의 연속이었다. 도전을 많이 한 까닭에 숱한 실패는 일상이 되어버렸다. 실패를 겪은 후 느끼는 좌절감은 상상 이상이었다. 나에 대한 실망, 그간의 수고가 물거품이 된 무력감, 다른 사람과 비교되는 나와 팀원의 능력 등 부정적인 기분이

한 번에 덮쳤다. 그와 동시에 도전에 대한 두려움이 몰려왔다. 만일 애초에 도전하지 않는다면 부정적 감정의 종합 세트는 찾아오지 않았기에 도전에 대한 혐오가 일어나기도 했다.

하지만 실패의 후유증이 크다고 해서 도전을 멈추고 싶지 않았다. 입학 전에 세운 각오인 대학생이기에 할 수 있는 일을 최대한 해보자는 목표가 나를 움직이게 했다. 다만 실패에서 오는 충격을 극복하기 위해 도전에 대한 마음가짐을 달리했다. 도전은 계속하되 그 결과에 대해서는 하늘에 맡기는, 진인사대천명(盡人事待天命)을 실천했다. 결과에 대해서는 오직 하늘에 맡기다 보니 좋은 결과만을 기다리는 습관은 점점 사라졌다. 결국, 도전을 추구하되 해당 결과를 기대하지 않는 내가 되었다. 주관이 뚜렷한 편이라 원하는 사명, 위치, 연봉, 사랑, 능력 등이 비교적 구체적인 나에게 전혀 쉽지 않은 변화였다. 하고 싶은 리스트가 많아서 그것을 달성하기 위해 단계적으로 해야 할 사항을 반드시 하는 나를 완전히 바꾼 변화였다.

아무리 노력해도, 아무리 절실해도 도전에 관한 결과를 기대하지 않는 태도는 결과적으로 실패해도 크게 좌절하지 않는 회복력과 실패를 즐길 수 있는 여유 등 많은 이점을 안겨주었다. 10대 이전의 악몽과 같았던 내 인생이 결과적으로 지금의 모습과 성향을 만든 것이다.

10대와 20대를 극단으로 살아온 후 깨달은 사항은 실패가 두려워서 아무것도 하지 않는 것이 가장 큰 후회가 된다는 점이다. 도전하면 어떤 위험이 닥쳐오거나 피해를 볼 수도 있기에 후회할 가능성이 크고, 가만히 있으면 리스크가 전혀 없어서 후회할 가능성이 없다고 생각했었는데 그 반대였다.

따라서 대학교 때부터 이어져 오는 내 가치관 중 하나는 '무언가 원하는 바가 있으면 꼭 해 볼 것'이다. 그 결과가 실패든 성공이든 변명하지 말고 전적으로 책임지는 자세를 나에게 요구하는 바이다. 제발 안 해보고 나서 못 해봤다고 타인이나 환경 탓은 절대 하지 말자고 계속 다짐한다.

취업은 미스터리, 전혀 생각지 않는 곳에서 길이 생긴다

졸업 전 취업 시즌에 많은 대학생이 여기저기 기업에 묻지마 식으로 지원하는 풍토 속에서 나는 가리지 않고 입사 지원하고 싶지 않았다. 연봉이 높아서 대학생의 입사 선호도가 높은 산업군조차 왜 관심이 전혀 없는지 주위에서 이상하게 여길 정도였다. 가야 할 길은 카피라이터로 그것만이 지향해야 할 커리어로 생각했기에 관련성이 현저히 떨어지는 금융회사 공고는 쳐다보지도 않고 무시했다. 그런데 2007년 초 대학교를 졸업한 마당에 갑자기 매우 뜨거운 욕구가 하나 생겼다. 2006년까지 전혀 생각도 안 했기에 지원조차 하지 않았던 금융 분야에 가장 입사를 하고 싶은 마음이 불쑥 들었다. 문득 생활 습관이 직업이 된다면 경쟁력이 있는 지원자가 될 가능성이 있다는 생각이 들면서 금융 관련 기업들만 집중적으로 지원했다. 가계부를 22세부터 작성하고 각종 금융상품에 스스로 가입한 습관을 활용하여 금융기관에서 근무하면, 즐겁게 일할 수 있어서 취업 가능성이 있겠다고 생각했다. 관련 자격증은 비록 없지만, 금융인의 태도를 평생 지니면서 살아온 남자라고 어필하면서 소신 있게 지원했다. "많은 사람이 금융권에 입사하기 위해 스펙을 쌓을 때, 저는 태도와 자질을 준비했습니다."와 같은 차별화 포인트로 무장하여 입사 원서를 제출했다.

그것도 입사하고 싶은 소수 금융기관에만 소신 지원했다. 이미 대학을 졸업한 상태에서 입사 지원을 했음에도 무슨 배짱으로 슈퍼 을에 해당하는 취업준비생이 그러한 행동을 할 용기가 어디서 생겼는지 모르겠다. 다행히도 그들 모두로부터 서류전형 합격의 결과를 받았으며, 그중 H 카드에 가장 입사하고 싶어서 가장 공을 들이면서 면접 준비를 했다. 면접에 매우 약한 나인데, H 카드 최종면접은 유일하게 스스로 잘 봤다고 생각하는 면접이었다. 그 회사가 운영하던 파이낸스샵에 직접 가서 관찰한 후 발견한 문제점을 지적하고 해결 방안을 제안했으며, 카드 시장의 문제점을 지적하고 사장이라면 이렇게 해결하겠다고 제시했다. 임원들이 이에 대해 매우 크게 웃으면서 화답하며 내 아이디어를 현재 실행하기 위해 계획 중에 있다며 좀 더 일찍 지원했어야 하는 인재라며 격하게 칭찬했다. 같은 날에 진행한 영어면접도 비교적 수월하게 마쳤기에 같이 참여한 면접자 모두 당연히 합격이라고 입을 모았다.

면접장을 떠나는 순간에도 면접을 진행하신 임원분들의 웃음소리가 그치지 않는 등 분위기가 매우 좋았고, 적극적으로 아이디어를 개진하면서 열정적으로 임했기에 합격을 별로 의심하지 않았다. 그런데 아무리 기다려도 연락이 없더니 최종 합격자 명단에는 내 이름이 없었다. 오히려 같이 면접 스터디를 한 사람들은 별로 기대를 안 했는데 합격했다며 쾌재를 불렀다. 이 결과에 대해 나는 할 말이 없었다. 수십 번씩 참여했던 면접 중 가장 잘 봤다고 생각한 면접에서 떨어지다니 내 노력과 기대는 무슨 소용이 있는지 의문이 들었다. '면접 점수와 같은 실력이 아닌 유력 인사나 재벌가 집안의 입김을 등에 업은 사람이 나를 대신해서 입사하지는 않았을까?'와 같은 억측만이 이유일 것으로 생각할 정도였다.

10대를 넘어 20대에도 내 의지와 욕심을 내려놓는 연습을 꽤 했다고 생각했는데 그 연습은 취업하는 순간에도 이어졌다. 다행스럽게도 그다음으로 입사하고 싶었던 K은행에 최종 합격하여 금융인의 꿈을 이루었다. 대학교 때 입사할 생각이 전혀 없던 분야에 대해 몇 개월 만에 생각이 달라지면서 도전하지 않았다면 은행에 입사하지 못했고, 세월이 흘러 지금 순간에는 분명 다른 일을 하고 있을 것이다. 그 결과 지금 준비하고 있는 새로운 도전은 생각조차 하지 않았을 가능성이 매우 크다. 성경에서 나오는 결단코 맹세하지 말라는 말의 의미를 스스로 강력하게 경험했다.

꾸역꾸역 내 인생 ✦

기를 썼던 대학 시절 덕분에 얻은 것

공식적인 결과물인 스펙

대학 졸업 당시 내 이력서를 보면 외부활동이 대학 생활의 절반을
차지했다.

- 해외 경험: 미국 샌디에이고 주립대학 교환학생, 캐나다 밴쿠버
  어학연수 및 환경 단체 인턴
- 외부 활동: KFC 사이버마케터 4기, 빙그레 끌레도르 객원마케
  터, 미샤 광고모니터보드, 대우자동차 마케팅캠프, 브랜드메이저
  네이밍프리랜서, 코바코 광고캠프, 광고정보센터 광고기획 과정,
  농심 사이버모니터 8기, 정식품 사이버모니터 1기, 안병규 어학
  원 모니터요원, 능률교육 ET-house 고객체험단 2기, 바른사회시
  민회의 글로벌 리더십 11기, 구굿닷컴 3기 명예기자, KT&G 상
  상마당 마케팅스쿨 2기

• 봉사활동: 헌혈 72회, 서울 청소년 문화교류센터 미술 프로젝트 봉사 150시간, 국제무용콩쿨 통역 봉사, 2006년 국정감사 모니터링 봉사

이것이 대학 졸업 당시 작성한 이력서 중 외부활동 내용이다. 대학생 시절에 나에게서 답을 찾기보다는 세상과 어울리는 시간을 좋아했고, 학교에서의 공부보다는 활동을 통한 경험을 선호했다. 매우 내성적인 성격과 나에게 주어진 한계를 뛰어넘고자 더 넓어 보이는 세상에 나를 맡겼다.

나를 알 수 있던 기회의 장

인생 최고의 찬사를 발견하는 방법, 롤링 페이퍼

나는 대학교 시절에 MT 마니아였다. 여기저기 외부 활동을 하면서 놀러도 가고 단체 MT도 많이 갔었다. 수줍음을 매우 많이 타는 성격에도 MT를 간다는 소식을 들으면 귀가 쫑긋해졌다. 심지어 군 복무를 하는 순간에도 참여하기 위해 무척이나 애를 썼는데, 무엇이 그토록 MT에 열광하게 했을까?

여러 가지가 있었겠지만, MT를 보내는 다양한 프로그램과 활동 중 가장 좋아했던 것은 롤링 페이퍼였다. 상당수의 사람은 쓸 말이 없고 낯간지러운 일이라며 롤링 페이퍼를 싫어했지만, 말 대신 글로

나마 소통할 수 있는 시간이라 생각되어 이 시간이 너무도 뜻깊었다. 내성적인 성격이다 보니 적극적으로 이야기를 하지 않는 타입이었기에 이렇게 간접적으로나마 마음을 주고받음이 좋았다.

롤링 페이퍼를 다 쓴 후 내 것을 돌려받으면 주로 긍정적인 말로 포장되어 칭찬이 빽빽하게 쓰여 있다. 평상시 자주 들어왔던 형용사를 쓴 사람이 많은데, 유독 독특한 의견이 적힌 문구를 바라보고 있으면, 색다른 시각으로 그 사람과 나 자신을 보게 된다. MT 참여 횟수에 비례하여 수십 장의 롤링 페이퍼를 받았는데, 그중에 가장 맘에 드는 표현은 다음의 문구였다.

"진오를 보면, 정확한 각이 나와."

20년 가까이 된 세월이 흘렀음에도 그 문구를 누가 적어줬는지 얼굴과 이름이 정확히 기억이 난다. 성실하다, 적극적이다, 열심히 산다 등의 나에게 비교적 식상한 칭찬이 아닌 내가 추구하는 삶을 잘 요약해준 그분이 센스가 있기도 하고, 잘 봐준 듯하여 매우 고맙다. 이 문구가 아주 좋아서 머릿속에 각인한 채 살았고, 대학교 졸업 후 사회생활에서도 '정확한 업무 처리, 약속 잘 지키기, 지킬 수 있는 말을 되도록 한다' 등을 삶의 기초로 삼고 살아가고 있다.

새삼 내가 다른 사람에게 적어준 롤링 페이퍼의 작은 문구가 다른 사람의 인생에 조금이라도 긍정적인 영향을 미쳤는지 궁금해진다. 롤링 페이퍼에 의미를 두며 사소한 문구 하나하나를 좋아하는 감성적인 사람이라면 분명 나와 같은 경험을 했을 가능성이 있다.

롤링 페이퍼의 또 다른 유익, 나를 알게 한다

스무 살 때, 최소 일주일에 한 번은 만나는 형이 나에게 이러한 말을 했다.

"너는 너 자신을 너무 잘 알아서 탈이야."

그의 말은 내향적이고 할 수 있는 영역에만 관심을 두고 노력을 하는 내 특성을 알고 그와 같은 제한을 벗어나 보기를 권하는 말이었다. 이러한 조언에 자극을 받고는 자신을 잘 알고 있음을 활용하면서 최대한 다양한 경험을 해보고자 결심했다. 경험을 통해 사고의 폭을 넓히면서 좀 더 구체적으로 자신의 특성을 알아가고자 노력한 것이다.

그리하여 대학에 입학하자마자 학점을 잘 받을 수 있는 과목이 아닌 약점을 보완하거나 평상시 관심 있었던 과목을 위주로 수강하고 5개의 동아리에 참가하면서 한계를 극복하기 위해 노력했다. 즉 많은 대학 신입생이 대학교에 입학하자마자 당구, 피시방, 미팅, 술 등에 심취해 있을 때, 나는 내면의 소리에 귀를 기울이는 데 힘을 쏟았다. 동기가 하는 대로 또는 선배가 시키는 대로 그렇게 대학 생활을 보내고 싶지 않았다.

그러다 보니 자연스럽게 나의 강·약점을 발견했다. 특히 MT를 수십 번 가면서 받게 되는 롤링 페이퍼를 통해 타인이 인식하는 나의 강점이 객관적으로 무엇인지 알 수 있었다. 한 번 부여 받은 임무는 할 수 있는 한 책임지며, 어디서 무엇을 하든 자신 있게 도전하는 특성이 강점으로 확인되었다. 동시에 좀 더 세밀하게 나를 지켜본 일부 지인은 강점이 때로는 치명적인 약점이 될 수 있다는 점을 지적하기도 했다. 혼자서 아무리 고민해도 알 수 없는 나의 면모를 신기하게도 타인은 잘 발견한다. 이것이 내가 새로운 경험과 만남을 멈추지 않는 이유이다.

소확행은 언제나 옳다

사람을 만나다 보면 나에게 잘해주지 않아도 밥을 사주지 않아도 끌리는 사람이 있다. 그러한 사람의 특성이 무엇인지 생각해보면 다음과 같은 4가지 공통점이 떠오른다.

작은 행동이나 말과 같이 사소한 것에도 반응해주는 사람, 무엇을 먹어도 맛있게 먹는 사람, 여행 중 엄청난 광경을 보지 않아도 순간순간을 추억으로 만들 줄 아는 사람, 독서가 주는 사소한 깨달음과 유익을 성장의 밑거름으로 삼는 사람이 20대 때부터 끌렸다. 즉 말초신경을 통한 자극을 주로 기대하며 살아가는 사람보다는 소소한 일상을 즐길 줄 아는 사람을 좋아하는 듯하다.

극적인 영화나 드라마, 배꼽을 잡고 뒹구는 코미디, 필름이 끊기도록 마시는 술, 죽을 듯한 공포를 느끼게 하는 놀이기구 등 강한 자극이 오는 것에 인생을 빼앗기지 않은 채 그날의 삶을 즐기는 사람을 선호한다고 결론지을 수 있다. 물론 나 역시 테마파크에 가서 종일 즐길 수 있는 등 강한 자극이 제공하는 재미도 때로는 인생에 필요하다. 하지만 그러한 것이 아니어도 인생이 재미와 유익으로 가득하길 원한다. 인생은 마약과 같은 화려한 자극의 힘으로 살 수 없다. 평상시 찾아오는 사소한 재미를 느껴야 가끔 나타나는 화려한 순간을 잠시 즐기면서 그것에 마음을 빼앗기는 후유증이 없다고 믿는다.

사람들을 만나고 관찰하면서 그들의 특성을 파악하다 보면, 신기하게도 나 자신을 더 알게 된다. 다채로운 활동과 경험을 통해 다양한 사람을 만나다 보니 내가 선호하는 유형의 사람을 발견하고, 그것이 곧 내가 되고 싶은 사람의 특징임을 동시에 알게 된다. 타인은 나의 거울이다.

'어떻게 살아야 할까?' 묻고 또 물었다

원망을 바라보는 시각이 달라지다

인생을 돌이켜보면 가만히 있는데 누군가가 내가 원하는 환경을 알아서 제공해준 사례는 없었다. 금수저나 은수저 집안에서 태어나지 않았고, 초등학교 때 과학 상자 등 가지고 싶었던 물건이 많았어도 그것을 누군가 사주는 경우는 좀처럼 없었다. 그렇기에 그 당시 할 수 있는 일은 무언가를 절실히 원할 때, 부모님이나 주위 사람에게서 받기를 기대하지 말고, 스스로 행동하고 노력해서 원하는 바를 쟁취하는 일이었다. 용돈을 받으면 쓰지 않고 모아두고, 과자나 아이스크림처럼 가볍게 구매할 수 있는 소비도 되도록 참으면서 목표로 한 제품을 구매하고자 절약에 또 절약했다. 그 결과 그토록 원하던 십만 원이 넘는 자전거를 사던 보람과 행복은 가슴속에 진하게 남아 있다.

그런데 살다 보니 다른 사람도 나처럼 반드시 아끼거나 노력해서 쟁취하지 않음을 조금씩 알아갔다. 주위를 둘러보니 운이 좋거나 노력보다 가지고 있는 것이 많다고 느껴지는 사람을 목격하면서 내 인생은 왜 그렇지 않은지 원망이 나오기도 했다. 누군가에게 자주 하소연하고 그러한 감정을 바꾸려고 해도 내 삶에 변화는 없었다.

그와 같은 경험을 반복하자 세상을 보는 시각이 달라졌다. 변화하지 않거나 발전하지 못해서 불만족스러운 집안 환경을 그만 원망하고, 나에게 주어진 강한 의지와 목표 지향성에 따라 살아가면서 스스로 원하는 바를 이루어 나간다는 마음이 강하게 생겼다.

'내게 허락되지 않은 삶이라면, 직접 그 삶을 만들어볼게.'라는 도전장을 세상에 내밀며 20대 이후의 삶을 영위하게 되었다.

가슴으로 다가왔던 미래적 현실

미국에 교환학생으로 있을 때 난생처음 멕시코에 가고, 보육원을 방문했다. 교환학생 신분임에도 그 대학교의 동아리에 지원하여 얻어진 봉사활동 기회였는데, 보육원에서의 봉사나 해외에서의 봉사 역시 처음이었다.

처음이라는 수식어가 많이 붙어서 그런지 조금은 두려웠다. 가고자 하는 멕시코 지역이 지저분하고 냄새나며 위험하다는 말을 잔뜩 들은 상태에서 떠났다. 미국과 멕시코의 국경을 넘자마자 느껴지는 미국과는 매우 다른 분위기의 모습을 보며 여기는 도대체 어디인지 혼란스러웠다. 원 달러를 달라며 몰려드는 아이들을 보자마자 돈

을 절대로 주지 말라는 말이 동료로부터 들려오면서 더욱더 어지러
웠다.

결국, 도착한 보육원도 처음에는 낯섦 그 자체였다. 생각보다 많
은 아이에게 스페인어를 전혀 몰라서 말도 안 통하는데 무엇을 하고
전할 수 있을지 생각이 나지 않았다. 하지만 시간이 지나면서 보육원
에 익숙해지고, 말이 안 통해도 사랑이라는 글로벌 언어로 함께 시간
을 보내면서 서서히 적응해갔다. 그리고 멕시코까지 와서 조금은 불
행하게 태어난 고아를 위해 파티를 준비하고, 많은 선물을 나누어주
며 기쁨으로 임하는 학생들을 보며 가슴이 뭉클해졌다.

이러한 경험을 통해 단지 공부를 하거나 영어를 더 잘하기 위해
먼 미국까지 오지 않았음을 깨달았다. 평생 해야 할 일 중 하나를 맛
본 느낌이었다. 여생 동안 비행기를 타면서 해야 할 나의 미래적 현
실을 처음으로 경험한 것이었다.

꾸역꾸역 내 인생 ✦
20대를 시작하는 자에게 전하는 글

29세 때, 후배를 위해 의미심장한 글을 남긴 적이 있다. 〈20대가 끝나는 자가 20대를 시작하는 자에게 전하는 말〉이라는 제목으로 다음과 같은 글을 올렸다.

- - -

20대를 시작하는 대학교 1학년 때부터 자기계발서를 가까이하고는 했다. 그런데 그러한 종류의 책을 지은 저자 중 20대가 집필한 책은 읽어 본 적이 거의 없었다. 그래서인가? 왠지 모르게 나에게 직접 피부에 와 닿는 내용이 별로 없어서 여전히 목말라했다. 그리고는 결심했다. 내가 20대를 끝내는 29세의 나이가 되었을 때, 현재의 20대 사람 중 20대를 가장 길게 경험해 온 시기에 20대에 대한 진실한 이야기와 조언을 해 주자는 다짐을 한 것이다. 나는 그 결심을 오늘 실행하고 있다.

20대의 정의

교과서식의 정의인지는 모르겠지만, 20대는 나무로 비유한다면 어떤 나무로 자랄지 결정하는 시기라고 생각한다. 우선 어떤 나무가 되어야 하는지 결정해야 하고, 양분이라 하면 무엇이든 빨아들여서 뿌리를 튼튼하게 만든 후 30대를 준비해야 하는 시기라 20대를 정의하고자 한다. 부모의 보호 아래서 자라는 유년과 초등학생 시절이나 점점 독립적인 자아로 발전하려고 발버둥을 치지만 한계에 부딪히는 중·고등학생이 아니기 때문이다. 이제는 자신의 미래를 설계하여 30대부터 본격적으로 시작되는 '커리어 전쟁'에서 살아남고자 칼을 준비하는 순간에 당신이 서 있다.

당신의 꿈은 무엇입니까?

대학교 2학년 때 연합 광고동아리를 꽤 열심히 했다. 이를 통해 많은 것을 배웠는데, 한 선배가 글을 쓰거나 사람을 만날 때마다 위의 질문을 하고는 했다. 그때는 왜 그렇게 그 질문이 심오하고 중요한지 몰랐다. 그런데 시간이 지날수록, 취업의 대란을 뚫고 이제 3년 차 사회생활을 하다 보니 이제야 깨닫고 있는 나를 발견했다. 즉 사회에 진출하는 20대 중후반이 되기 전까지 특히 대학교 1, 2학년 시기는 그저 술 마시고 미팅에 폭 빠져서 사는 시기가 아님을 강조하고 싶다. '나는 무엇을 잘하는가? 어떤 사람인가? 평생 뭐 먹고 살아 가야 할까? 직업이 돈만을 의미하지 않는데, 과연 무엇에 보람을 느 끼는가?' 이상의 질문에 자신 있게 대답하기 위해 끊임없이 부딪히고 시도해보는 시기이다. 대학생이라는 신분 덕택에 너무나도 많은 기 회가 앞에 있는데, 많은 사람은 관심을 두고 지켜보지 않으니 그들의 눈에는 보이지 않을 뿐이다. 직접 인터넷을 검색하거나 유능한 선배 에게 문의하여 도전하라고 권하고 싶다. 이러한 도전으로 얻은 자양 분이 지금 보기에는 별로 효과가 없어 보일 수 있으나 사회생활을 하 다 보면 효과가 나타난다. 반드시!

아담과 이브

어떤 사람은 이와 같은 불평을 할지 모른다. "나는 일류 대학의 대 학생이 아니다.", "나는 지방대 학생이라서 서울의 학생과 같은 기 회를 얻지 못하고 있다.", "나는 대학교에 진학하지 않아서 대학생을 위한 행사가 해당이 안 된다.", "우리 집은 가난하고 연줄도 없다." 등의 불평을 한다.

대학교 2학년 때 취미가 이상하게 들릴지 모르지만 '명사 특강 참 석'이었다. 유명인사가 나오는 강의가 있는 곳이라면 여자 대학교라 도 달려가 그들은 과연 어떤 생각을 하고 성공했는지 배우고자 노력 했다. 그중 《7막 7장》의 저자이신 홍정욱 씨의 강의를 들은 적이 있었는데, 그가 위와 같은 변명을 하는 사람에게 다음과 같은 말을 해 주었다.

"성경 창세기를 보면 아담과 이브가 나온다. 그들은 에덴동산에 있는 것이라면 무엇이든 먹을 수 있었는데, 하나님은 선악과를 절대로 따먹지 말라고 했다. 그런데 그들은 뱀의 유혹에 못 이겨서 그것을 따먹고 만다. 그때 아담은 변명한다. '하나님이 주셔서 나와 함께 있게 하신 여자 그가 그 나무 열매를 내게 주므로 내가 먹었나이다.' 그리고는 하와 역시 변명의 말을 한다. '뱀이 나를 꾀므로 내가 먹었나이다.' 그들의 말을 자세히 들어보면 이러한 의미가 있다. 아담은 하나님이 만든 하와 탓을 하고, 하와는 역시 하나님이 만든 뱀을 탓하니 결국은 모두 하나님이 초래한 결과라는 결론이 난다."

그가 가르쳐 준 교훈은 이것이다. 인간은 본성적으로 환경을 탓하고 남을 탓한다. '잘 되면 내 탓, 안 되면 조상 탓'이라는 속담이 괜히 나온 말이 아닌 것으로 변명과 남 탓을 일삼는 사람들의 모습에 지나치게 분개하지 않음이 필요하다.

성공한 사람은 그 반대다

빌 게이츠가 고등학교 강단에서 연설한 10가지 조언 중 첫 번째는 "인생은 원래 불공평하다. 그러한 현실을 불평하지 말고 받아들여라!"이다. 그리고 2008년 베스트셀러 중 하나인 《The Secret》에서

는 각 사람에게 닥쳐 있는 모든 환경은 자석처럼 끌어당긴 결과라고
주장한다. 앞서 환경이나 남을 탓하는 인간의 본성과는 반대로 해석
했다.

그렇기에 20대를 시작하는 사람이라면 자신이 어떤 환경에 속해
있든 그것을 무시하라고 강력히 권고하고 싶다. 환경만 탓하다가는
아무것도 못 하고, 시간 낭비가 되고 있음을 알아야 한다. 대학교 4학
년 선배를 유심히 살펴보면, 어떤 선배는 취업이 힘들다는 이 시기에
도, 대기업과 공기업을 골라서 가기 위해 고민 중이다. 그는 무조건
나보다 나은 조건만을 가지고만 있을까?

불완전한 인간이 만드는 불완전한 세상

《상식 밖의 경제학》이라는 책을 보면 인간이 가지고 있는 여러 가
지 비이성적 행동이 실험으로 나타난다. 이러한 비이성적 행동은 이
사회를 불완전하게 만든다. 하지만 우리가 심취해 있는 드라마에서
는 그 현실을 철저하게 망각하게 해서 우리는 세상을 착각한다. 현실
은 그렇지 못하다는 사실에 좌절하기도 한다.

수능 공부 죽어라 해서 들어간 대학인데, 막상 1학년을 마치고 나
면 기대보다 만족감이 없음에 허탈해하고, 사귀고 싶은 여자가 있어
서 수많은 노력을 하여 얻고 나면 쾌감보다는 허무감에 사로잡히며,
백 대 일이 넘는 경쟁률을 뚫고 취업을 했는데 하는 일이라고는 심

부름에 잡일뿐이다. 또한, 아무리 크고 유명한 회사일지라도 각 직원이 실수하지 않고 완벽하게 일을 했으면 좋겠다는 취지에서 만든 매뉴얼조차 새로운 규정이나 현실에 맞게 업데이트가 실시간으로 이루어지지 않는다. 심지어 매뉴얼에 없는 일은 어떻게 해야 하는지 모른 채 멍해지거나 일을 방치해 두는 행태가 자주 나타난다.

그 까닭에 인간이 만든 모든 것은 완벽을 기대하지 않음이 나을지도 모른다. 참고 또 참으며 대학교에 들어가든, 회사에 들어가든, 결혼하든 그것만 하면 이 세상 끝나거나 기대가 충족된다는 믿음이 있다면 그 생각을 버렸으면 좋겠다.

"나를 따르라?" 꼭 그래야 하냐고 물으라!

'대학교 1학년 때는 캠퍼스의 환상을 경험하고 싶어서 미팅에, 친구와 내기 당구에, 동아리 선배와의 잦은 술자리 등으로 1년을 보낸다. 2학년 1학기가 되어도 큰 변화는 없다가 군대는 가야겠다 싶어서 입대하면, 제대하는 날에는 무엇이든 할 수 있겠다는 근거 없는 자신감이 생기고 철도 든 느낌이나 막상 제대하면 철저히 무너지고 만다. 복학생이 되자 아는 사람도 없어서 심심하게 보내다가 동기가 하나둘 복학하면 1학년 때와 같은 패턴의 생활로 돌아가고, 저학년 때 받은 낮은 학점을 메우느라 정신이 없다. 이제 본격적으로 공부해야지 생각하는데, 이제 곧 졸업이라고 한다. 취업이 아직 안 되어 졸업장

가져가기도 부끄럽다.'

대학생이 되어 겪을 수 있는 악순환에 대해 묘사했는데, 많은 사람은 위와 비슷하게 대학 4년을 보내면서 졸업을 맞이한다. 그런데 졸업생을 한 명 한 명 살펴보면, 웃으면서 졸업장을 받는 사람도 적지 않음을 기억했으면 좋겠다. 언론에서는 취업이 힘들다는 사실만 취재하기에 그러한 사람이 아예 없는 듯 보일 뿐이다. 웃으면서 졸업할 수 있는 사람이 바로 당신일 수 있기에 대세에 휩쓸리지 않기를 바란다.

멘토의 중요성

우리는 발전하기 위해 책을 읽고 공부한다. 그런데 막상 이것을 실생활에 적용하려고 하면 잘 실행되지 않는다. 그렇기에 이때 필요한 대상은 지탱해 주고 이끌어주는 멘토이다. 닮고 싶은 사람이 누구인지 주위에서 살펴보고, 그들에게 적극적으로 도움을 청하라고 권하고 싶다. 세상 사람이 아무리 바쁘고 자기중심적이라고 하지만, 믿고 따르겠다는 사람을 단번에 거절할 자는 거의 없다. 지금 어디를 가야 할지 가르쳐 줄 사람은 그곳을 이미 지나간 사람뿐이다.

개인적으로 나의 정신적인 스승은 제일기획 최초의 여성 임원이신 최인아 전무님이다. 그분께서 주신 명언은 평생의 디딤돌로 남아 있다.

"기본을 잘해라! 그러면 잘한다는 말을 듣는다."

당신에게는 어떤 스승의 말이 지금까지 남아 있는가?

- - -

이상이 29세가 끝나가는 무렵에 작성한 후배들을 위한 글이었다. 지금 다시 그 시절을 돌이켜보면, 20대 시기를 한마디로 요약하면 의미가 없는 시간이라 생각했던 순간에도 그 길을 다 지나고 나면 느껴지는 무언가가 있었다. 길가에 심겨 있었던 드문드문 핀 꽃들도 다 저마다의 역할이 있었다. 돌을 씹어 먹어도 다 먹을 나이가 아니라 어떤 경험을 해도 앞으로의 인생에 언젠가 도움이 될 자양분으로 가득한 시절이었다.

꾸역꾸역 내 인생 ✦
잠시 느꼈던 30대의 안정감

30대의 시작은 매우 좋았다

30세의 나이는 지금 순간에서는 아주 옛날이야기에 불과하다. 그런데도 30세를 보낸 한 해는 여전히 기억이 날 정도로 그전의 나이와는 다르게 느껴졌다. 그 차이는 크게 네 가지였다.

첫째, 진정한 독립을 경험하기 시작했다. 30세가 되어 3~4년의 직장 경력이 쌓인 상태였기에 타인의 지시와 바람에서 벗어나 점진적으로 자신의 판단과 목표대로 인생과 업무를 추진해야 하는 나이었다. 직장 생활에서뿐만 아니라 개인 생활에서도 절대 부모님이나 사회 등 환경을 탓할 나이가 아니었다.

둘째, 점점 나다워지기 시작했다. 20대에는 다양한 경험을 쌓는 일이 최우선 순위였던 까닭에 기회가 주어지는 일이라면 무엇이든 뛰어들었다. 그런데 본격적으로 직장 생활을 하면서 할 수 있는 것과 할 수 없는 것이 구분되었다. 직장에서도 상사와 고객에게 핀잔을 듣기도 하고 업무의 능숙함이 늘어나면서 30세 정도가 되어서야 처음으로 할 수 있는 대상에만 집중하기 시작했다.

셋째, 앞으로의 삶이 분명해지기 시작했다. 누군가는 대학을 졸업하고 취업을 하면 꿈의 크기와 개수가 적어진다고 하지만 조금 더 확실한 꿈만을 붙잡아서 가고자 하는 길이 분명해짐을 느꼈다. 두 번째 차이와 일맥상통하는 이야기로 나다워지기 시작하면서 미래에 대해 고민할 때도 예전만큼 고민의 대상 폭이 크지 않았다.

마지막으로 30세부터 사원이 아닌 대리의 직함으로 근무를 하기 시작했다. 직장생활을 어느 정도 해서 사회생활에 관해 이야기를 조금이라도 할 수 있고, 회사에서 내 위치와 한계를 알기에 눈치껏 행동하는 나이였다.

그런데 불과 몇 년 후에 은행에서 제공하는 안정감에 내 생애를 맡길 수 없다는 판단하에 수천 번의 고민 끝에 퇴직하고 경영대학원으로 진학하면서, 30대 초반에 느낀 정착감은 일장춘몽이 되었다. 은행원으로 명예퇴직할 때까지 다니면 안정된 중산층 이상의 삶을 살 기회를 걷어찬 것이다. 그때 받았던 긍정적인 느낌과 유익이 적지 않음에도 변화에 대한 목마름이 더 많았다.

33세에 저지른 내 생애 첫 일생일대의 도전

인생을 살다 보면 누구나 일생 일단의 결단을 하게 된다. 그 결심을 하게 되는 이유는 사람마다 다르지만, 그 결단이 어떤 결론으로 도달하지는 아무도 알 수 없다는 공통점이 있다. 우리가 시도하는 모든 도전 중 단 1%만이라도 결과를 미리 알 수 있다면 좋으련만, 그렇지 못한 채 우리의 삶은 뜻하지 않은 결과로 치닫는다. 그래서 도전이라는 단어는 듣기만 해도 두렵고, 속해 있는 집단이나 가지고 있는 것을 과감하게 버릴 수 있어야 실행할 수 있는 과제이다.

이 두려움을 2012년에 가장 크게 경험했다. 근무하고 있었던 은행이 전혀 상상하지도 않았던 금융회사에 매각된다는 소식을 접하자마자 노조는 비상체제로 돌입했고, 매각을 저지하기 위한 투쟁의 길을 1년 넘게 지속했다. 여성 인력의 비중이 절반 이상 되는 회사에서 근무하는 남자는 자질구레한 일을 상당수 독차지하게 되는데, 나 역시 속한 지점을 대표하는 노조 관련 담당자였기에 등 떠밀려서 각종 집회에 수시로 참여했다. 대학교 다닐 때는 운동권이나 학생회 등에 전혀 관심이 없던 내가 막상 자리를 마련해주니 어디에서 나왔는지 불타는 투쟁심으로 집회에 성실히 참여했다. 겨울에도 눈 바닥에서 삼보일배하는 등 1년이 지나도록 수천 명 직원의 노력이 있었다. 그러나 매각 절차는 최종적으로 금융위원회의 승인을 받게 되었다. 가슴이 아프면서 허망하다는 생각을 많이 했는데, 더 타격으로 다가오는 심적 충격은 어제 투쟁 구호를 외치다가 오늘은 인수하는 은행에 좋게 보이려고 애쓰는 동료 직원들의 모습이었다.

과거에는 적이었지만 이젠 어떻게 할 수 없으니 새로운 주인을 맞이하여 최대한 잘 보이려고 애를 쓰는 모습을 보면서 생존에 목숨을 거는 자본주의의 민낯이 부끄럽게 느껴졌다. 그렇지 않아도 매우 보수적인 조직문화에 많이 지쳐 있던 나였는데, 주인마저 바뀌는 시기에 그만두어야 하는지 심각하게 고민하기 시작했다. 수천 번 고민해도 은행처럼 복지와 연봉이 탁월한 직장은 없으며, 일은 매우 고되고 스트레스를 받는 일이었지만 일을 못 한다고 꾸중하거나 퇴직을 강요하는 사람은 전혀 없었기에 고민에 횟수와 상관없이 결정을 짓지 못했다.

그때 필요한 대상이 결단할 수 있는 용기라고 생각했다. 그리하여 평상시 가고 싶었던 세계적인 찬양 집회인 힐송 콘퍼런스를 바로 신청하고, 호주 시드니행 비행기표를 결제하여 홀로 떠났다. 아는 사람도 없고 호주에는 처음으로 가보기에 낯선 도시로 다가왔다. 그래도 최대한 도시에 적응하려 애쓰며 힐송 콘퍼런스에 참가하고, 시드니 · 브리즈번 · 골든 코스트를 틈틈이 여행했다. 콘퍼런스에서 찬양하면서 많은 은혜를 받아 눈물을 꽤 흘리며 은행을 퇴사할 용기를 얻었다.

그 용기를 가지고 담대하게 단 하나의 대학원에 입학 지원하면서 여기에 합격하면 퇴사하겠다고 다짐했다. 결국, 대학원 입학으로 이어져 졸업 후에는 은행원으로 살았다면 전혀 상상하지도 못했을 분야에서 일하고 있다. 가지고 있는 것이 많다고 생각될 때, 그것을 버릴 수 있는 용기는 더 크게 요구된다. 요구되는 용기가 크면 클수록 자신의 다짐보다는 외부로부터의 자극이 필요한 듯하다. 외부로의 자극이 우리를 도전하게 만들기도 한다.

꾸역꾸역 내 인생 ✦

일생일대의 도전을 감행한 30대에 얻은 것

세상을 보는 가치관의 변화

고난에 대한 다른 생각

인간이라면 누구나 고난을 피하면서 살고 싶다. 고난에 처한 사람이 겪는 다음과 같은 과정이 매우 녹록하지 않기 때문이다.

일단 너무 힘들면 그냥 쉬고 싶다. 무언가를 더 할 여력이 없다. 목표를 향한 도전과 사람과의 만남 역시 적지 않은 에너지와 희생이 필요한데, 정말 지쳤다고 생각되니 그것마저 귀찮아진다. 그래서 불가피하게 혼자서 그 역경을 헤쳐나가려고 애쓰지만, 오히려 자신만의 세계에 갇혀 더 깊은 우울과 고민에 빠지게 된다. 결국, 이 악순환을 극복하지 못한 채 고난에서 좀처럼 헤어나질 못한다.

이러한 일련의 과정을 주위로부터 목격하고 나 역시 경험한 뒤로는 우리가 흔하게 쓰는 말인 "고난은 우리를 강하게 한다"는 극히 일부의 상황에서나 쓸 수 있다는 결론을 내렸다. 즉 이를 악물고 버티고 또 버틴 결과 고난의 끝에 긍정적인 결과가 나왔을 때, 고난이 자신을 강하게 했다고 고백하는 과거 회상의 한마디라는 것이다. 그렇지 않으면 일반적으로 고난은 우리를 약하게, 외롭게, 우울하게 만들며, 그것의 끝에 긍정적인 소식이 기다리고 있지 않으면 그것에서 의미를 찾기는 어렵다.

그래서 고난이 있어야 성장한다거나 실패는 성공의 어머니라는 등의 말로 고난에 빠진 누군가를 어설프게 위로하고 싶지 않다. 고난을 겪는 중에 경험하는 고통과 위험은 결과론적인 해석이나 뻔한 말로 위안이 되지 않는다. 어쭙잖은 말 한마디가 고난에 빠진 사람을 두 번 죽일 수 있다.

부정적인 말은 잘 모르고 사는 인생

대학원에 다닐 때 같이 공부한 사람이 나에게 가끔 하는 말이 있다.

"진오는 사람을 볼 때 항상 긍정적인 면을 보는 경향이 있어. 부정적인 말은 거의 안 해."

나는 어떤 사람을 만날 때 그 사람의 강점에 주목하고 싶다. 그 사람의 강점이 나 또는 내가 속한 조직의 특징과 결합하면 어떤 시너지가 발생할지 궁금해진다. 그리고 어린 시절부터 '수우미양가'를 잣대로 평가받았듯 못하거나 약점에 신경을 쓰면서 보냈던 우울했던 과거를 더는 되풀이하고 싶지 않다.

부정적인 말 대신 "해보자", "알겠어요", "좋아요" 등과 같은 말과 함께 인생을 최대한 긍정적으로 생각하면서 할 수 있는 것에 집중하면서 살기 원한다. 그리하여 나뿐만 아니라 주위에 있는 사람에게 그와 같은 에너지와 열정이 좋은 방향으로 전달되었으면 좋겠다. 모두 다 힘들다고 소리치는 사회 속에서, 뉴스만 보면 긍정적인 소식은 가물에 콩 나듯 나오는 현실 속에서, 한 치 앞도 내다볼 수 없는 불확실성 속에서 버틸 힘은 외부로 오는 긍정이 아닌 내 안에서 만들어내는 긍정의 힘이기 때문이다.

나 역시 세상을 살아가면서 매일 긍정의 에너지가 생성되거나, 모든 사람의 장점이 즉각 느껴지지는 않는다. 그저 긍정적인 면을 바라보려고 애를 쓰다 보면, 신기하게도 부정보다는 긍정의 느낌이 내 마음을 조금씩 더 채운다. 특히 다른 사람이 한 결과물을 보고 평가의 말을 하려고 할 때 조금 더 신중해질 필요가 있다고 생각한다. 우리는 너무 쉽게 남이 해놓은 결과물이나 과정에 대해 이렇다 저렇다 의견을 표출하는데, 그때 생각해 볼 일은 내가 했다면 저렇게라도 할 수 있겠는지 물어보는 자아 성찰이다. 말하기는 쉬워도 막상 해보려고 하는 순간 머리가 복잡해지고, 엄두가 잘 나지조차 않는 현실이 우리의 인생이다.

나이를 잘 먹고 싶다는 소망

인생의 많은 부분은 어떤 사람의 의지나 노력에 따라 어느 정도 달라질 수 있다고 믿는다. 아무리 어렵고 힘든 처지에 있더라도 그 사람의 노력 정도에 따라서 조금이나마 상황이 개선될 수 있다는 신념이 있다. 그런데 시간이 흐르고 나이가 든다는 진실은 어떻게 거부

할 수 없어서 인간이라면 누구나 100% 수동적으로 나이가 들어감을 맞이할 수밖에 없다.

곰곰이 생각해본다. 나이가 들어감은 어쩔 수 없는 일인데, 어떻게 거기에서도 능동성을 발현할 수 있을까? 고민의 결과, 나이가 들어가면서 얻어지는 깨달음과 의미를 최대한 능동적으로 흡수하는 것이 수동성에 대처하는 자세임을 생각해냈다.

가만히 인생을 돌이켜보면, 시간이 흘러 다양한 사람을 만나고 경험을 하면서 좀 더 성숙해지는 나 자신을 느낀다. 지금 이 순간에도 어제의 나와 오늘의 나는 단 0.00000001% 미만으로 바뀌었을지언정 세월이 안겨준 변화를 매일같이 경험하고 있다. 어제에는 몰랐던 사실을 오늘은 알게 된 경험을 반복하면서 조금이나마 성숙해진다고 느낀다.

만일 카투사라는 군 복무 형태를 우연히 알게 되지 못했다면? 대학원에 가지 않았다면? 재무 관련 자격증을 따지 않았다면? 은행원으로 사회생활을 본격적으로 시작하지 않았다면? 현재 재직 중인 회사에 얼떨결에 입사하지 않았다면? 그리고 결혼을 하지 않았더라면? 인생을 거쳐 온 단계 중에서 어느 요소 하나라도 없었다면, 지금의 나는 덜 성숙하고 이기적인 사람이었을 것이다. 나는 원래 자기중심성이 지극히 강한 사람으로 태어났고 자라왔기 때문이다. 인생의 주요한 순간마다 내 계획은 무용지물이 되고, 그 가운데 생각하지도 못한 길이 있었다. 즉 인생 순간순간마다 나를 변화시키고 자극하는 무언가가 있었다. 만난 사람, 경험한 일, 돌아다닌 세계가 나를 조금 더 성숙하게 했다고 회상된다.

물론 나는 아직도 한 참 부족하다. 아내와 가끔 부부싸움을 할 때면, 장기적으로 좀 더 기다려달라고 말을 하고, 싸움하는 중간에도 사소한 이슈를 가지고 장시간 언쟁을 할 만큼 성숙하지 못한 내 성격에 스스로 짜증이 나기도 한다. 그러나 이때에도 기대되는 바는 지금은 비록 부족하지만, 미래의 나는 좀 더 성숙해져서 지금과 같은 일에는 그다지 개의치 않는 큰 그릇이 되어 있을 것이라는 믿음이다.

막연하게 어떤 거대한 꿈을 바라보면서 노력하고 기다리는 모습이 아닌 자신의 성숙도를 소망하며 좀 더 나아진 내가 되려고 하는 의지가 내가 찾은 나이가 드는 것의 의미이다.

비교하거나 시기하지 않는다

무지개가 아름다운 이유

무지개는 실제로 수많은 색깔로 이루어진 자연현상이지만 우리 눈에는 크게 일곱 가지의 색이 눈에 띄어 빨주노초파남보의 대명사가 되었다. 무지개를 보고 있으면 매우 아름다워서 어떻게 그와 같은 결과를 만들어내는지 궁금해진다.

무지개를 바라보면서 무지개는 비슷비슷한 색이 아닌 분명한 자기 색깔을 지녔고, 자기가 속한 자리에서 빛을 내고 있기에 아름다움으로 승화되었다는 생각이 들었다. 다른 색깔을 시기하지 않고 각자의 색을 유지하는 동시에 협동하여 빛을 내기에 무지개가 아름다운 것이다. 남이 부러워서 타인을 쫓아서 하거나 질투하여 심지어 남의 것을 빼앗거나 방해하려는 인간들의 삶과 매우 다르다. 우리도 그만 시기 질투하고 각자가 지닌 개성과 아름다움을 바탕으로 각각의 색깔을 내면 좋겠다.

우리는 대부분 100세 이하로 살아가는 한계를 지니고 있기에 자신이 가지고 있는 역량과 끼를 발견하고 개발하는 일에 집중함에도 시간이 부족하다. 그것에 집중해도 모자랄 판에 남과의 비교로 시간을 낭비하는 우를 범하고 있다.

루저가 없는 세상을 꿈꾼다

오래전에 〈미수다〉라는 프로그램에서 한 일본 여성이 루저에 대한 정의를 내리면서 세간의 비판을 받았고 그 프로그램은 곧 종영되었다. 그 후 출근하면서 영어 라디오 방송을 듣는데, 이 문제와 관련된 말이 외국인의 시각에서 나왔다.

"한국인은 남의 기준대로 살려고 하며 완벽주의자를 추구한다. 특정 대학에 못 가면, 특정 회사에 입사 못 하면, 〈미수다〉에서 언급된 대로 키가 180cm가 안 되면 정말 패자라고 생각하는가? 만일 외국 사람이 그러한 말을 들었다면 그저 비웃고 지나칠 것이다."

세상이 세워 놓은 기준에 맞추기 위해 스펙 쌓는데 몰두하고, 경쟁에서 1등 하기 위해 목숨 거는 대한민국의 현실에서는 루저가 자연적으로 발생한다. 경쟁으로 줄을 세우는데, 어찌 꼴찌를 의미하는 패자가 없단 말인가?

이와는 반대로 사회적 잣대와 상관없이 개성대로 살아가면 남과 비교하지 않으며 살 수 있고, 개성과 기질대로 살아가면 자신만의 인생이 만들어진다. 개인적인 경험을 비춰봐도 치열하게 도전하면서 성취와 실패를 반복하던 그때가 가장 행복한 시간이다. 100% 준비가 되거나 계획을 했던 까닭에 어떤 일을 시도하지 않고, 실패해도 잃을 것이 없다는 생각에 해보고 싶은 것을 하면서 나답게 사는 순간이 가장 짜릿하다. 비교 안 하고 나 자신의 색깔에 몰입하는 것만큼 만족스러운 일은 없다고 생각한다. 자신의 인생을 살면 루저라는 단어가 아무리 세상에서 널리 쓰인다고 한들 그 사람의 인생에는 파고들지 못할 것이다.

심지어 천 원짜리 김밥도 맛있다

우리는 일반적으로 매일 세 번씩 식사한다. 먹는 즐거움을 매우 좋아하는 나로서는 한 끼라도 굶은 적이 기억나지 않는다. 그렇기에 먹고 싶은 음식이 있으면 때로는 일부러 돈을 모아 사서 먹으면서 소소한 즐거움을 느끼며, 오늘의 식사를 통해 어떤 새로움을 경험할지 기대가 된다. 대한민국의 수많은 식당과 메뉴 중에서 먹고 싶은 음식을 골라 주문하는 이 선택의 과정은 누가 지시해서 이루어지지 않고, 대부분 자율과 기대로 이루어진다. 즉 자유의지에 의해 많은 대안을 제치고 지금 앞에 놓여 있는 음식인 만큼 우리가 취하는 모든 음식은 선택받은 대상이다. 사람마다 각자의 지출 가능 범위, 취향, 기분, 함께하는 사람 등의 조건을 고려하여 제일 나은 선택을 했으니 천 원짜리 김밥에도 백만 원짜리 코스요리에도 의미가 있다.

이러한 의미부여 과정 덕분에 무엇을 먹어도 맛있게 먹는다는 소리를 자주 듣는다. 해당 음식별로 제공하는 의미를 즐기고 있다. 누군가 분식점에서 먹는 천 원짜리 김밥이 별로 맛이 없다고 한다면, 그 이유는 그보다 더 비싼 음식이 그 식당에 그리고 다른 식당에 수두룩하게 존재한다는 사실을 동시에 지각하고 있기 때문이다. 자신의 현 상황에서 가장 적절하게 구매할 수 있는 음식은 김밥이며, 지금 취할 수 있는 유일한 음식이라는 생각으로 먹으면 그 김밥은 정말 꿀맛이다. 다른 음식과 비교하는 순간 맛이 없어지는 것이다.

가난했던 10대에는 먹고 싶은 음식이 너무 많았어도 형편상 참을 수밖에 없어서 그러한 환경을 원망했다. 누구보다 치열하게 살았던 20대에는 일상에서 음식을 즐길 만한 여유는 많이 없었다. 경제적으로 그리고 정서적으로 안정감을 찾은 30대가 되어서야 내게 주어진 음식이 무엇이든지 소중하게 느껴졌다. 다른 사람이 가진 것과 내 것을 비교하지 않고, 뜻대로 잘 풀리지 않는 현실을 원망하지 않으며, 지금 내 옆에 있는 단짝과 나눌 수 있는 행복과 함께 즐기는 김밥의 맛은 30대 이전에는 경험하지 못한 감동이다.

강박감에서 벗어나 생긴 여유

수천만 원의 대학원 수업을 능가한 배움의 기회

직장 생활의 본격적인 시작은 은행원으로의 입사였다. 욕심만 안 부리면 평생 최소 중산층으로 살 수 있다고 보장하는 은행원 생활이었다. 이를 통해 많은 회사생활 스킬을 배웠고, 적지 않은 소득 덕분에 하고 싶은 것을 다양하게 해보면서 살 수 있었다. 하지만 과감하게 퇴사하고 대학원에 입학하여 틈틈이 동아리 활동을 하면서 깨달은 사실이 있다. 그동안 너무 편하고 안이한 사고에 젖어왔다는 깨달음이었다.

어느 날 동아리에서 준비하는 이벤트가 예전과 달리 학교로부터 지원을 전혀 받을 수 없다는 소식이 들려왔다. 그때 동아리 구성원에게 잠재되어 있었던 에너지가 긴급 발동하여 최소한의 비용으로 할 수 있는 각종 이벤트가 쏟아져 나오면서 여기저기서 빌려 오고 아는 인맥 다 동원해서 연사를 무료로 모셔오는 등 진정한 열정이 나타났다. 그 결과 직전의 행사와는 다른 수준의 감동이 우리에게 찾아왔다. 대학생 때는 무조건 아끼고 맨땅에 헤딩도 서슴없이 했건만, 사회생활을 하면서 비교적 넉넉하게 무언가가 채워져야 일이 진행된다고 무의식적으로 판단하며 변명해왔음이 느껴졌다. 어떤 일을 진행할 때 성공 여부를 결정하는 힘은 조건이나 돈이 아니라 태도임을 깨달았다. 감동을 만드는 힘은 요소별로 완벽하게 잘 갖춰짐에서 나오는 것이 아니었다. 객관적으로는 부족하더라도 그 무언가를 만들기 위해 얼마나 헌신했는가가 감동의 크기와 비례하여 나타난다. 왜 Attitude 가 알파벳 점수로 환산하면 100점인지 실감하게 해준 경험이었다.

일이 잘 안 풀릴 때 하는 생각

인생을 살다 보면 왜 이렇게 되는 일이 없는지 한탄할 때가 있다. 특히 일반적인 이슈가 아니라 절실히 원하거나 노력을 많이 한 부분에서 꽉 막힌 듯한 느낌을 받을 때면, 그 강도는 증폭된다. 이럴 때 즐겨 생각하는 사자성어가 있다.

'줄탁동시(啐啄同時)'

병아리가 안에서 쪼는 행위와 어미 닭이 그 소리를 듣고 화답하는 행동을 의미하는 것으로 노력과 타이밍 또는 운이 동시에 맞아떨어져야 일이 완성됨을 나타낸다. 상당한 노력과 시간을 투자해도 일이 잘 진행되지 않을 때, 줄탁동시를 떠올리며 노력과는 상관없이 때가 맞지 않는다는 생각을 위안으로 삼는다. 시기가 맞지 않는 사안에 대해서는 아무리 우리가 인간적으로 노력해도 외부에서 환경이 뒷받침되지 않아 일이 잘 진행되지 않음을 받아들이는 것이다.

이럴 때 필요한 사항은 왜 내 뜻을 안 들어주냐며 성을 내지 말고, 타이밍을 기다리는 지혜라 생각한다. 우리는 인생의 끝을 절대 알 수 없지만, 인생의 여러 요소마다 적절한 타이밍은 우리를 수시로 찾아오기 때문이다.

30년간 감춰져 있었던 생일의 축복

나는 따뜻한 봄날에 태어났다. 그런데 과거를 돌이켜보면 별다른 감흥이 생일에 없었다. 생일은 본질적으로 기쁨을 누려야 하는 날임에도 다양한 사유로 만끽하지 못했다.

초등학교를 졸업할 때까지 가정형편이 별로 좋지 않았기에 생일이라고 해서 크게 파티한 적이 없었다. 종종 친구가 초대하는 생일파티에 참여하면서 그들의 잔치는 화려하고 사람으로 북적인다는 사실을 알고, 이와 비슷한 파티를 해 본 적이 없는 현실에 침울했었다.

중고등학교 시절에는 꿈도 패기도 숫기도 없었다. 우울함과 함께 보낸 잃어버린 6년이라 해도 과언이 아니었기에 생일에 뭐 하고 지냈는지 지금 돌이켜봐도 슬픔이 강하게 밀려온다. 하루하루가 힘들고 내 삶이 과연 의미가 있는지에 관한 생각에 몰두했기에 생일의 기쁨도 허상에 불과했다. 생일이라는 날도 하나의 의미 없는 24시간에 불과하다고 생각했다.

대학교 시절에는 고등학교 때와 달리 이것저것 다 해보고자 애쓰는 시기였다. 학교보다는 외부 활동을 중시했던 시절이었기에 도서관에 가서 공부한 적이 많지 않았다. 그러나 중간고사 기간과 겹쳐 있는 생일에는 매년 도서관에 있을 수밖에 없었다. 즉 대학 4년 내내 시험 스트레스와 함께 보냈던 기억만이 생일의 단상이다.

졸업 후 취업하여 맞이하는 생일은 2010년까지 일에 파묻혀 지내는 평일이었던 까닭에 평소와 다름없는 바쁜 회사생활을 보내고, 잠깐 저녁에 동료와 함께 생일 케이크 파티를 했을 뿐이었다. 일이 많아도 너무 많았으며 타인에게 맡길 수 없던 관계로 생일이라고 해서 휴가나 칼퇴근은 상상할 수 없었기에 특별한 날이라 정의하기는 어려웠다.

그러나 인생 최초로 2011년의 생일은 달랐다. 사회생활 처음으로 휴일에 압박감 없이 맞이한 생일이었다. 주말이기에 일이나 업무 관련 시험에 대한 부담이 없이 하고 싶었던 목록을 다 해보며 보내는 유익한 시간이었다. 자유롭게 활동하면서 그때 처음으로 생일의 유익을 깨달았다. 생일이 이처럼 따뜻하고 아름다운 봄날이었음을 늦게나마 알게 되었다. 그동안 전혀 몰랐던 세계를 난생처음 경험한 느낌이었다.

엄청난 선물을 받았거나 대단한 것을 하면서 보내지 않았음에도 그리고 그 당시 여자친구가 없었기에 비록 외롭고 쓸쓸했어도 행복했다. 작은 것에도 감사를 느끼고, 다른 시각으로 보게 된 하루가 아직도 추억으로 남아 있다. 30년 동안 감춰진 선물을 받은 느낌이었다.

주위를 둘러보았던 30대

계속해서 현장에서 뒹굴어야 하는 이유

독서를 한다, 강연을 듣는다, 국내·외를 여행한다, TV를 가끔 본다, 새로운 사람을 만난다. 이와 같은 활동을 할 때 깨닫는 점은 지식이 점점 많아지고 발전한다는 느낌이 아닌 아직 부족하고 배울 것이 너무 많음에 고개가 숙여진다는 사실이다. 아직도 해야 하고, 배워야 하는 분야가 수두룩하며, 세상에는 대단한 사람이 많음에 부끄러워지기 때문이다.

인간은 그러한 존재인 듯하다. 혼자 있을 때는 이 지구가 자신을 중심으로 도는 듯한 착각이 들며 자신감이 넘치지만, 주위를 둘러보면 그들과 자기 자신을 비교하면서 부족함을 발견한 까닭에 그것을 보완하기 위한 노력을 하게 된다. 이러한 개개인의 땀방울이 모여 결국 인류가 발전하는 결과를 얻는다. 각 사람이 가진 재능, 비전, 태도 등을 활용하여 서로의 약점을 상호 보완하고, 개선하는 과정을 거치면서 인류는 발전한다.

개인적으로도 여러 활동을 통해 만난 사람들 덕분에 더 나은 사람이 되고 싶다는 욕구가 솟아난다. 그래서 알고 있거나 익숙한 대상, 아집과 고집, 선입견 등을 벗어나기 위해서는 새로운 경험을 두려워하지 말고 나가는 용기가 필요하다고 느낀다. 세상에는 무언가를 배우거나 자극받을 수 있는 사람으로 가득해서 배움의 연속이라고 고백할 수밖에 없는 일이 비일비재하다.

어렸을 때부터 매우 내성적이었고 지금까지도 그러한 성향이 남아 있는 나에게서 벗어나 바깥세상을 두드리는 습관은 인생을 통틀어 받은 선물 중 최고라 자부한다. 혼자의 노력으로는 또는 자질로는 얻을 수 없었던 결과였다.

세상은 빨리 변한다고 하지만 고민은 그대로

대학생 시절을 돌이켜보면 대학생의 신분으로 도전할 수 있는 많은 일을 해보고자 노력했던 시간이었다. 가수 유승준 씨가 당시 삼성 컴퓨터 '매직 스테이션'을 광고할 때 사용한 문구인 '한국 컴퓨터의 표준'을 패러디하여, 대학교 때 지향해야 할 모습을 '한국 대학생의 표준'이라고 명명하며 그에 맞는 삶을 살고자 노력했다. 표준이 기본 수준을 의미하는 것이 아니라 대학생이라면 누구나 추구해야 하는 삶이라 정의할 수 있는 본보기의 의미로 각인되고자 그와 같은 슬로건을 만들었다. 고등학교 3년이 거의 무의미하게 흘러갔기에 나의 대학 생활만큼은 누구와 비교해도 꿀리지 않을 정도로 대학생의 이상적인 모델이라 인정받고 싶었다. 변화와 혁신을 요구하는 목마름이 극에 달했기에 그 슬로건처럼 대학 생활은 치열함으로 가득했다.

그렇게 보낸 대학 생활 중 무엇이 가장 좋았는지 선택한다면, 교환학생으로 미국에 갔던 순간과 대학교 2학년 때 참여한 연합 동아리 활동이다. 특히 동아리 활동을 하던 1년간의 생활 방식은 학교, 집, 동아리, 그리고 가끔 교회로 요약된다. 학생의 본분인 학업을 위해 학교에서 성실히 수업에 임한 후 동아리의 각종 행사에 틈틈이 참석했다. 학교 내 동아리가 아닌 연합 동아리였기에 매주 토요일에 서울의 한 대학에서 정기모임을 했는데, 거의 매주 출석을 했고 평일에도 모임이나 행사가 있으면 거의 제시간에 도착했다.

이와 같은 열성에도 그 동아리를 지금도 생각할 때마다 미련이 남는다. 동아리 생활을 1년간 누구보다 열심히 했지만, 그 후 다양한 활동을 추구하던 내 성격상 동아리에 다소 소홀히 하여 선배로부터 받은 사랑을 후배에게 전해주지 못했기 때문이다. 30대가 된 이후부터 이와 같은 아쉬움을 달래고자 가끔 동아리의 홈페이지나 페이스북을 검색해 보고는 한다. 아직도 동아리가 잘 운영되고 있는지, 어떤 행사를 요즘에 하는지, 지금의 대학생은 어떤 특징을 가졌는지 등을 살펴보고 싶은 마음에서 하는 행동이다.

이를 통해 알게 되는 사실 중 하나는 내가 활동하던 당시의 동아리 임원단이 하던 고민을 지금의 임원단도 고민하고 있다는 점이다. 그 동아리는 아무나 수시로 들어올 수 없어서 매년 봄에 모집 공고를 내면, 지원자들이 과제를 수행하고 면접을 봐서 합격자를 선정한다. 즉 열정적이고 뜻이 있는 사람이 합격해서 활동하는 시스템을 가졌기에 대부분 열심히 활동한다. 그러나 상당수의 사람은 지각, 결석, 과제 미수행 등을 일삼으면서 동아리의 분위기를 다소 흐트러뜨리는 경향이 있는데, 그와 같은 현상이 지금도 계속되고 있음을 홈페이지를 통해 발견했다. 지각이나 결석 등 성실하지 않은 활동을 나타낼 때마다 벌점을 부과하는 제도까지 만들어서 강제 탈퇴까지 시키려는 시도가 눈에 띄었다.

참여하는 활동이 많아 바빠서, 기대보다 동아리 생활이 유익하지 않아서, 긴급한 사정이 생겨서, 매주 토요일 정기모임 활동을 못 해서 등의 이유로 동아리에서 멀어지는 사람을 보며 우리 때랑 왜 이렇게 닮았는지 씁쓸함을 느꼈다. 결국, 소수의 인원이 동아리를 이끌어가며 적극적으로 활동하고, 소극적인 사람은 시대와 관계없이 존재했다. 그리고 처음의 마음가짐이 1년 내내 잘 이어지지 못하는 동기와 후배를 바라보는 임원진이 젊어져야 할 무게 역시 변함이 없었다.

세상은 너무 빠르게 변하는 듯하나 우리가 가진 고민과 그들이 중요시하는 가치는 세상의 변화 속도와는 상관없이 큰 차이가 없다. 인생을 살면서 나이대별로 겪고 있는 고민을 나의 부모님도 했었고, 나의 자녀도 먼 훗날에 고민하리라 생각하면, 세상은 변화하면서도 좀처럼 바뀌지 않는 속성을 동시에 지니고 있음을 발견한다. 여유를 가지고 먼발치에서 바라보면, 나의 문제가 나의 문제로만 끝나지 않는 세상사를 알게 된다. 시간이 지나도 인간이 가진 고민과 문제는 본질적으로 크게 바뀌지 않아서 우리 조상의 고민을 나도 하고, 나의 그 고민을 우리의 후손 세대도 하면서 어차피 우리는 인간이라는 한계와 동질감을 경험한다.

30여 년 만에 생긴 사람에 대한 욕심

이유를 모르겠지만 어린 시절 때부터 사람에 대해 별로 관심이 없었고, 누군가와 친해지려고 하는 노력을 별로 안 하는 편이었다. 특히 고등학교 때까지 사람과 거리를 상당히 두고 살았는데, 대학 연합 광고동아리를 통해 다양한 사람을 만나면서 사람이 얼마나 소중한지 조금씩 알기 시작했다. 그 후 10년이 넘는 직장생활과 가족끼리 모이는 모임 덕분에 사람과 친해지고 싶다는 욕심이 30대 후반이 되자 급격하게 커진 상태이다.

이제는 회사 생활이 삶의 중심인 관계로 만남이 대부분 계약관계에 의해서 주선이 되고 진행이 된다. 이 때문에 아무런 금전적인 이유나 이해관계가 없이 사람이 궁금해서 만나면서 그중 일부의 사람이라도 매우 친하게 지내고 싶다는 생각이 더욱 간절해졌다. 비즈니스적인 관계로 만나 서로가 원하는 목적을 얻음에서 벗어나 가볍게 잡담을 하면서 인간 대 인간이 서로를 이해하고 관계가 깊어지는 모습이 그려진다. 그렇기에 요즘같이 바쁜 현대 사회에서 누군가를 한 달에 한 번 만나는 것도 어려운 일이라 친해지는 기회가 흔하지 않지만 그러한 기회를 가능한 한 지속해서 만들고 싶다.

사람에 대한 욕심이 거의 없던 내게 생긴 이 변화는 극히 일 중심적인 나를 벗어나 관계에도 관심을 가지면서 균형이 잡힌 사람으로 발전할 수 있다는 기대를 만들어 준다. 타인의 삶을 통해 인생을 배우고 다양한 시각으로 어떤 이슈를 바라보는 일이 이렇게 즐거운지, 30여 년 동안 몰랐다. 나의 인생에 이러한 날이 오다니 기적 같지 않은 기적이었다.

본받고 싶은 리더상의 변화

세상에는 대단한 사람이 많다. 인간이 저렇게 똑똑할 수 있고, 청산유수로 말을 잘하며, 경제적으로 여유가 있는 등 비교하는 잣대마다 뛰어난 사람으로 이 세상이 가득 찬 느낌을 받는다. 나도 언제쯤이면 그들과 같은 모습의 사람이 되어 있을지 마냥 부러우면서도 현실적으로는 달성하기가 어려운 그림의 떡처럼 느껴졌다. 그런데 수많은 비교 기준 중에서 최근에 느끼기에 가장 부러운 사람이면서 현실적으로 어느 정도 달성 가능성이 있는 유형의 사람은, 밥을 같이 먹고 싶은 사람이다. 왜 같이 밥을 먹고 싶은지는 여러 가지 이유가 있다. 그 사람과 함께하면 편하고, 즐겁고, 새로운 인사이트를 얻고, 본보기가 되고, 에너지를 얻고, 서로의 이야기에도 귀 기울여주며 마지막으로 어떤 음식을 시켜도 사줄 듯해서 등의 이유로 만나고 싶은 마음이 생긴다.

나도 그런 사람이 되고 싶고 그러한 사람과 식사하고 싶다. 안타깝게도 내가 만난 상사 중에서는 퇴사 후에도 지속해서 인간관계를 유지하고 싶은 사람을 아직 단 한 명도 만나지 못했다. 존경할 만한 선배나 상사를 만나기가 그리 쉽지 않다는 뜻이다. 따라서 나부터 해야 할 일은 다른 누군가 단 한 사람에게라도 계급장 떼고 만나고 싶은 사람으로 기억되는 일이다.

친한 것은 우연이 아니다

예전에는 몰랐는데 누군가와 시간을 내어 잠시 커피 한잔하는 만남도 그리 쉽게 이루어지는 관계가 아님이 느껴진다. 요즘 사람들이 흔히 하는 잘 지키지 않는 말 중 하나는 "언제 한 번 밥 먹자!"이다. "나중에 꼭 보자!" 또는 "시간 내서 얼굴 좀 보자!" 등의 툭 던지듯 말하는 인사가 실제로 이루어지기에는 많은 애정, 시간, 돈 등이 뒤따른다는 사실을 우리는 경험한다. 주도자가 최소한 한 명이 있어서 모임을 적극적으로 추진하지 않으면 어떠한 목적의 만남도 쉽게 성사되지 않는다는 사실을 그간 간과했었다. 사람들의 노력과 관심이 수반되어야 얻는 결과물이었다.

　나는 본래 관계 중심적인 사람이 아니기에 크게 관심을 두지 않아서 늦게 깨달은 것이었다. 내 인생에서도 누군가를 한 달에 한 번 또는 심지어 1년에 한 번이라도 만나는 일은 저절로 이루어지지 않았다고 회고한다. 따라서 지금 커피 한 잔을 놓고 이야기하는 한 사람 한 사람과의 인연이 귀중하다. 다른 일을 하거나 다른 사람을 만날 수 있는데도 내 앞에 앉아줘서 정말 고맙다. 주말이나 평일 저녁에 만나는 격식 없는 만남이 컨설팅 계약을 해서 비즈니스적으로 만나는 관계보다 더 소중함을 최근에서야 깨달았다. 돈, 실적, 이익 등이 수반되는 만남만으로는 인생을 풍요롭게 만들 수는 없다.

꾸역꾸역 내 인생 ✦

코로나와 함께 맞이한 40대를 근근이 버티기

같은 사람, 다른 느낌

사람은 시간, 상황, 장소에 따라 하는 행동이나 태도가 다르다. 아무리 자유로운 영혼을 가진 사람도 직위나 드레스 코드에 맞게 행동하는 것처럼 주어진 환경에 따라 다른 모습을 관찰할 수 있다. 그런데 우리는 특정 모습만으로 사람을 평가하는 경향이 있다. 예를 들어 나를 바라보는 견해는 시기와 장소에 따라 다르게 나타났다.

- 학교에서 나를 만나면 미친 듯 책을 읽는 독서광이다.
- 부모님의 눈에는 집에 오면 자기 일만 하는 이기적인 아들이다.
- 대학교 때 만난 사람에게는 적극적이고 무엇이든지 열심히 하는 사람이다.
- 학창 시절에 나를 알았다면 너무 조용해서 존재감이 없는 학생이다.

- 직장에서 나를 만나면 묵묵히 자기 일을 하는 일벌레다.
- 노래방이나 클럽에서 나를 만나면 분위기를 띄우는 분위기 메이커다.

위의 사항은 부분적인 '나'이며 각각의 사항이 나를 대변할 수 없다. 사람은 그리 단편적이지 않기에 나 역시 다른 사람에 대해 함부로 선입견을 품지 않으려 하고, 또한 타인에 의해 쉽게 규정되지 않기를 원한다. 평생 여러 면에서 수시 관찰해도 어떤 사람을 안다고 말하기 어렵다. 사람은 조금이라도 변하므로 저 사람은 이렇다고 쉽게 단정할 수 없다. 지금 이 순간, 나는 어떻게 다른 사람에게 비추어지는가? 아래의 글을 보면 지금의 내가 그려질 것이다.

"여기까지만" 오늘도 선을 긋는다

2020년 나의 일과는 대개 다음과 같이 보냈다.

아침에 일어나 씻고 출근 준비를 하고, 아침밥을 간단히 챙겨 먹은 후 지하철로 향한다. 지하철로 출근하는 동안 영어 라디오를 듣고, 필요한 것이 있으면 쇼핑을 하며, 해야 할 일을 점검한다. 회사에 있는 동안에는 회사 일에 거의 몰두하면서 최대한 늦게까지 일을 하지 않기 위해 노력한다. 점심 식사를 굳이 맛있는 음식을 먹기 위해 멀리 가는 행동은 드문 일이며, 야근해야 하는 경우 빠르게 저녁을 먹고 와서 일을 최대한 빨리 끝내는 업무처리 방식을 선호한다. 퇴근 후 집에 오는 길에는 출근 때와 같은 행동을 반복한다. 저녁을 회사에서 안 먹었을 때는 집에 와서 아내와 함께 주로 식사한 후 설거지하면서 좀 쉬다가 되도록 헬스장으로 간다. 코로나 여파로 헬스장이 열지 않는 상황에서는 집에서 잠시 운동을 한 후 잠시 좋아하는 프로그램을 보거나 글을 쓰는 등 여유의 시간을 갖다가 잠을 청한다.

이와 같은 일상은 무엇 하나 특별한 점이 없는 보통 사람의 것이다. 그러나 이 삶은 어제도 오늘도 각각 해야 할 요소별 균형을 찾기 위해 몸부림치는 결과물이다.

평일에는 회사에 출근하기 위해 아침 6시에 일어나서 씻고 아침 식사를 가볍게 하면서 회사를 위주로 하루가 돌아가는 직장 중심의 시간이 거의 매일 반복된다. 직장인이라면 누구나 급여를 얼마나 받는지에 상관없이 물질적인 보상을 받으면서 자신의 시간, 노력, 지식 등을 회사에 바친다. 그런데 많은 직장인은 상사로부터 고객으로부터 동료로부터 압박을 받는다. "조금만 더 일해 줄 수 없을까?"

회사에서 에너지를 다 쏟느라 기진맥진한 상태로 집으로 돌아와서는 아내와 함께 저녁 식사를 하고, 설거지하며, 그날 있었던 일과에 관해 이야기한다. 하루가 너무 지치는 느낌이라고 느껴지면 밖으로 나가 외식하고 체력을 보충하는 시간을 가진다. 세탁이나 청소 등을 해야 한다면 아내와 같이 집안일을 한다. 이처럼 회사에서 야근이나 회식을 하지 않는 이상 아내와 평일 저녁과 밤을 보내지만, 아내는 종종 다음과 같이 이야기한다. "우리가 함께하는 시간이 좀 더 많았으면 좋겠어."

평일에 회사에서 일하고 집으로 돌아와서 가정을 챙기지만, 틈틈이 해야 하는 사항 중 하나는 자기계발이다. 돈을 많이 벌거나 성공하고 싶어서가 아니라, 자신에게 필요한 것을 하나씩 학습하는 시간이기에 소홀히 할 수 없다. 그러나 대학생처럼 그리 많은 시간이 확보되지 않기에 지하철을 오가며 책을 읽거나 영어 라디오를 듣고, 때로는 강의를 수강하는 등 출퇴근 시간을 알차게 보내려고 노력한다. 또한, 나이가 나이인 만큼 건강에 대한 관리가 필요한 시점인 까닭에 늦은 시간에도 잠시나마 피트니스 클럽에 가서 운동하고 온다. 이처럼 집에 돌아와서도 비교적 바쁘게 시간을 보냄에도 내면의 깊숙한 무의식의 나는 나에게 말을 건다. "지금 이렇게만 하면 되겠어? 예전에는 몇 배로 부지런하고 열심히 살았잖아? 운동도 더 열심히 해야 헬스장에 다니는 남들처럼 근육질의 몸을 자랑할 수 있지! 운동에 시간을 좀 더 내줘."

주말이 된다고 해서 연휴가 시작되었다고 해서 시간을 좀 더 내달라는 목소리는 근원지만 달리할 뿐 여전히 여기저기에서 들린다. 친구를 만나면 좀 더 자주 보자고 하고, 교회에 가면 좀 더 많은 활동을 하길 바라며, 양가 부모님을 찾아뵐 때면 좀 더 자주 찾아뵈면서 많은 이야기를 나누었으면 하는 바람이 들려온다. 몸은 하나이고, 때로는 느린 템포로 살고 싶으며, 자유로운 시간을 보내고 싶은 욕구와는 상관없이 시간을 내달라는 요청은 어디서든 들려오는 것이다.

이와 같은 삶은 다양한 역할에 대해 각각 기대되는 삶은 나뿐만 아니라 모든 사람에게 마찬가지일 것이다. 스마트폰을 매일 같이 사용하고 KTX를 통해 전국 어디든지 하루 만에 일 처리를 하고 집으로 돌아올 수 있는 시대인데, 시간은 더 부족하다고 느낀다. 그래서 무언가를 해 보기 전에 고민과 다짐을 한다. '이 일은 정말 해야 하는가? 그렇다면 내가 설정한 시간만큼만 그것을 위해 사용할 것이다.' 다양한 역할을 감당하되 해당 역할마다 기대하는 바와 비교당하는 행위는 정중하게 거절하는 바이다. 인생에서 겪는 여러 요소를 균형적으로 감당하면서 어느 분야 하나라도 욕을 먹지 않기 위해 나는 고군분투하고 있다. 뭘 해도 대충은 하고 싶지 않다. 매일 주어진 24시간이 일, 여행, 사랑, 휴식, 취미 등 순간순간 하는 것에 집중하는 치열함으로 도배되길 원한다. 매 순간의 공기를 적극 호흡하고 있을 뿐이다.

반대로 해서 병을 이기는 남자

몸이 안 좋다거나 피곤하다고 느끼는 순간, 41세임에도 내가 주로 하는 행동은 침대에 누워 있는 것이 아니다. 오히려 다양한 일을 더 많이 하려고 한다. 아직도 20대인 줄 착각하면서 행동하는 괴짜 행동으로 보일 수 있으나 이 나이에도 좀처럼 아프다고 쉬는 일은 드물다. 다양한 일을 조금씩 번갈아 진행하다 보면, 피로와 아픔은 어느새 잊고 새 힘을 수혈받는 느낌을 경험한다. 뷔페에 가면 아무리 배가 불러도 새로운 종류의 음식이 나올 때마다 식욕이 조금씩 당기는 사례와 같다.

그래서 조금 아프다고 해서 하루 전날이나 당일에 약속 취소하는 일은 나에게는 잘 발생하지 않는다. 보고 싶었던 사람을 만나면서 에너지를 얻고, 함께 새로운 경험을 하며 새로운 소식을 듣는 이 모든 과정이 엔돌핀을 생성시키는 자극이다. 아프다고 해서 혼자 있거나 누워만 있으면 더 외롭고 슬프며 우울한 감정이 솟구친다. 조금만 집에서 쉬고 바깥에 나가 자극을 받는 것이 내가 병을 이기는 습관이다. 보통의 사람들과 반대로 해서 회복한다. 언제까지 이럴 수 있는지 모르겠으나 평생 이렇게 살았으면 좋겠다. 새로운 활력 요소가 나를 움직이게 한다.

인생 슬로건을 고수하는 인생

마케팅과 광고에 심취했던 20대 중후반 때 남은 인생을 이렇게 살자고 굳게 결심했다. 광고나 마케팅이 매우 중히 여기는 가치인 '차별화'를 인생 지향점으로 삼아 사람들이 일반적으로 추구하는 방식이 아닌 "내가 중시하는 가치를 따르고 그에 맞는 행동을 하자!"는 결심이었다. 시간이 꽤 흐른 지금까지 그렇게 살아오고 있는지 생각해본다.

합병될 수 있을지언정 망하지 않았던 은행의 특성상 30대의 젊은 직원에게는 아무도 퇴직을 권고하지 않았다. 그것도 신입사원이 아닌 재직한 후 5년이나 지난 시점에서 남자 직원의 퇴사는 매우 드문 경우였다. 업의 특성상 이직이 흔치 않고, 은행에서 받는 복지와 연봉은 쉽게 포기할 수 없는 양과 질이었다. 또한, 현재의 직장은 영업이익률이 40%를 기록하는 등 수익성이 높고 무차입의 안정적인 회사이지만 최대한 오래 다니기 위해 노력할 생각은 전혀 없다. 즉 경력 대부분을 차지하는 10년이 넘는 기간 동안 머문 두 회사에서 아무도 퇴직을 강요하지 않았고, 나갈 만한 재무적 문제도 없었지만 타인의 권고나 강요로 떠나고 싶지 않다.

이와 같은 결정의 원동력은 여러 가지가 있겠지만, 위에서 언급한 20대 때 결심이다. 회사에서 자리를 유지하기 위해 기를 쓰거나 다른 분야나 환경으로 도전하지 않고 머물려고 하는 등 핵심 인재가 아닌 사람들이 가진 특성과 나는 차별되어 있는지 인생 슬로건이 나에게 묻고 또 묻는다. 나만의 삶을 살겠다는 결심이 흐려질 때마다 과감하게 도전을 하고 나 자신을 돌아본다. 이와 같은 과정을 반복하다 보면 노인이 되어 삶을 되돌아볼 때 20대의 결심을 생각하며 웃을 수 있지 않을까?

꾸역꾸역 내 인생 ✦
30대를 시작하는 자에게 전하는 글

"모르겠어!"가 솔직한 대답

앞에서 20대를 마무리하면서 〈20대가 끝나는 자가 20대를 시작하는 자에게 전하는 말〉의 제목으로 글을 작성하면서 내가 29세 때 20대에게 전하고 싶은 말을 하나의 글로 요약했다. 얼마 전에 30대를 마감하고 40대에 접어든 나의 나이를 감안한다면, 〈30대를 얼마 전에 마친 자가 30대를 시작하는 자에게 전하는 말〉의 제목으로 후속 글을 쓸 법도 하다. 지금의 나는 뭐라고 30대를 시작하는 이에게 글을 전할 수 있을까? 그런데 아쉽게도 아무리 생각해봐도 해 줄 말이 그리 명확하게 떠오르지 않는다. 30대를 어떻게 보내야 하는지 누군가 물어보면, "글쎄, 나도 잘 모르겠어"라고 대답해주고 싶음이 솔직한 마음이다.

예전에는 혈기 왕성한 나이였고, 억압된 10대를 보낸 까닭에 20대를 최대한 치열하게 살겠다는 처절한 절실함 때문에 인생을 어떻게 살아야겠다고 어느 정도 방향이 설정되어 있었다. 그런데 이상하게도 30대를 넘으면서 인생은 어떻게 살아야 할지, 인생에 정도는 있는지, 정의는 도대체 이 세상에 존재하는지 등이 물음표로 다가온다. 나를 비롯하여 많은 이들이 경험하는 30대는 집에서나 회사에서나 책임감이 급속도로 상승하는 가운데, 그 역할을 감당함에 거의 모든 에너지를 쏟느라 정신없는 시기여서 인생에 대해 고민하는 것이 사치로 느껴질 가능성이 있다. 직장에서는 사원급의 직함에서 벗어나 승진의 경쟁을 거쳐 대리, 과장, 어쩌면 차장 이상의 직위를 단다. 실무를 포괄적으로 책임짐을 넘어서 가끔은 관리자의 역할도 담당해야 하는 자리이므로 가장 일을 많이 하는 시기이다. 동시에 20대에 결혼하지 않았다면 결혼에 대해 고민하기 시작하고 아이를 가지면서 시작되는 육아에 퇴근 후 거의 모든 시간을 헌신한다. 즉 어느 정도 사회생활을 해서 회사나 직업에서 한계가 느껴지는 까닭에 이직이나 대학원 진학 등 다른 대안은 없는지 마음이 흔들리면서 고민이 되는 와중에도 회사나 가정에서 기대하는 구실을 하기 바빠서 쉴 틈이 없는 시기라고 30대를 요약하고 싶다.

사람마다 또는 나라마다 다르겠지만 20대는 자신의 삶에 몰입할 수 있는 시절이지만, 30대는 사회적으로 주어진 소임을 담당하기에 자신의 삶에만 몰입하기 힘든 시절이라 생각한다. 이 까닭에 나의 30대 삶은 20대의 화려함에 비해 매우 단순했다. 스스로 한계를 인정하면서 내가 가진 에너지를 꼭 필요한 곳에만 사용하고, 남이 요청하는 부탁이 너무 어렵거나 시간 소비가 많아 보이면 조심스럽게 거절을 했다. 이러한 변화를 감행한 덕분에 30대를 끝내는 39세의 나는 20 대를 끝내는 29세의 나보다 좀 더 안정적이고 나다워졌다고 느꼈다. 어렸을 때는 되도록 다양한 분야를 맛보며 내가 잘하는 분야가 무엇 인지 궁금해서 도전을 감행하느라 정신이 없던 시기였다. 그런데 30 대가 되어 시간이 갈수록 잘하는 것과 못하는 것이 구분되고, 잘하 는 영역에만 확실히 집중하게 되면서 앞서 말했듯이 주어진 24시간 과 유한한 체력의 테두리에서 버려야 할 요소는 과감히 버리고 정체 성을 찾아가는 30대를 보냈다. 경우의 수를 줄이고 확실한 것에 발 을 맞추어 따라간 결과, 현재 가고 있는 길이 정답은 아닐지언정 갈 수 있는 최선의 길을 택한 나 자신을 믿고 후회하지 않고 있다. 좀 더 나이가 많아지고, 다양한 경험을 하면 또 다른 생각을 하고 있을지는 모르지만, 그 믿음은 큰 변화가 없을 것이다. 지금이나 나중에나 주 어진 길이 나에게 적합한 최선의 길이라는 믿음 속에 먼 훗날 40대를 마무리 하면서 어떠한 말을 40대를 시작하는 자에게 전할 수 있을지 벌써 기대가 된다.

chapter

3

어떤 상황에서도

꾸역꾸역 버티어내는

원동력

지하 밑에 또
지하가 있어도
끝까지 간다

버티는 원동력 하나 ✦
가진 것을 소중히 여긴다

자신만의 삶을 추구해도 좋다

우리는 흔히 주위로부터 다음과 같은 말을 종종 듣는다. "취업은 너무 어렵다, 인생은 고난의 연속이다, 가난하면 서럽다, 결혼해야 인생이 안정된다." 등 인생 요소의 관념을 주위로부터 쉽게 접한다. 그러한 이야기를 계속 듣다 보면 아무리 그것을 무시하려고 애를 써도 주위의 말과 관념의 영향을 받고, 이에 따라 그들의 눈치를 보지 않을 수 없다. 그들의 말이 100% 맞는지 틀리는지 구분하지 못한 채 최소한 남보다 뒤처지지 않으리라는 의지를 다지면서 대부분의 사람은 사회적 관념에 순응하며 살아간다.

그런데 우리에게는 분명 다음과 같은 가능성도 있다. 취업이 힘들다 해도 오라고 하는 기업이 줄 서는 상황, 인생이 만만치 않지만 어떻게든 즐겁게 살려는 의지, 가진 재물과 관계없이 행복할 수 있는 삶, 결혼을 안 해도 외롭지 않은 화려한 싱글 라이프 등을 말한다. 휴

먼 다큐멘터리나 책을 통해서 사회가 요구하는 대로 살지 않고 자신만의 삶을 살아가는 사람도 적잖이 발견되는데, 그들이 이와 같은 가능성이 우리에게 있음을 증명한다. 최근에는 각자의 개성으로 살아가는 유튜버가 세간의 주목을 받으면서 사회적 관념에 따르지 않고 사는 인물을 쉽게 우리는 접한다.

이와 같은 시대의 변화와 같이 나 역시 남은 인생에서 남과 같이 살아가고자 세상의 기준에 부합하기 위해 헉헉거리며 쫓아가지 말고, 세상이 주는 관념에 좌지우지되지 않는 줏대 있는 사람으로 평생 살아가길 원한다. 나를 좌지우지 하는 대상은 세상의 소리가 아니며 내 삶을 궁극적으로 결정하는 사람은 나 자신뿐이다.

흐르는 물에 맡기는 인생

여름이면 급류타기에 몸을 맡기고 싶다. 대학생 때 한탄강과 동강에서 처음으로 경험한 래프팅의 재미는 아직도 가슴 깊이 남아 있다. 이것이 재미있는 이유는 물이 흘러가는 방향으로 노를 젓기 때문이다. 만일 이와 반대 방향으로 가고자 한다면 아무리 애를 써도 성과는 지지부진하며 힘들어서 금세 포기할지도 모른다. 이처럼 무언가를 비교적 순조롭게 이루고, 자신의 가치를 100% 활용하는 방법은 자연스러움에 몸을 맡기는 생활방식이라 믿는다.

절실히 원하는 목표 중에 못 하면 평생 후회할 듯하고, 24시간 동안 한다고 해도 지루하지 않은 분야가 있다면, 이것은 내가 하는 것이 아니다. 선천적이고 자연스러운 힘으로 내 몸이 하도록 이끌려 자동으로 움직이는 현상이다. 재능이 가진 힘을 기반으로 가슴이 뛰는 일을 한다면, 그 직업이 그 무엇이든 급류를 타고 내려가는 인생이다. 얼마나 빠르게 내려가느냐와 장애물을 얼마나 만나느냐는 그다음의 문제이다. 그렇기에 자신의 재능이 무엇인지 알고 그것에 집중하는 사람만큼 부러운 사람이 없다. 자신의 재능이 무엇인지 알기 위해 치열하게 현장에서 부딪히고 깨닫는 사람 역시 부럽기는 마찬가지다. 부딪히는 만큼 그것을 찾을 확률은 높기 때문이다. 자신이 가지고 있는 것이 무엇인지 발견하고, 그것을 감사하게 여기며 최대한 활용하면서 사회에 이바지하는 선순환 구조를 만드는 사람만큼 행복한 사람은 없지 않을까?

버티는 원동력 둘 ✦
자만심을 경계하며 자신감으로 버틴다

내가 추구하는 자신감의 유형

정신적, 육체적, 경제적, 능력으로 각각의 영역에서 우리는 끊임없이 정진을 시도한다. 분야에 상관없이 자신 있게 임하기 위해 연습하고 노력하며 공부를 하느라 정신이 없다. 즉 사랑, 일, 시험, 발표, 대인관계 등 우리는 무엇이든 할 때마다 자신감이 필요하다고 사람들은 흔히 말한다. 이에 나 역시 동의하는 이유는 자신감이 한 사람의 인생에 전반적으로 영향을 미치는 정도는 상당히 크기 때문이다.

학벌이 좋은 사람이 일반적으로 취업도 잘되고, 무엇을 하든 맡은 바 책임을 잘 완수하는 까닭은 자신감에서 비롯된다고 생각한다. 학창 시절 성실하게 공부한 습관과 그 습관이 만든 목표 성취력을 선생님, 부모, 친구 등으로부터 인정받아 자신감이 쌓인다. 이 자신감은 대학 입학 후에도 이어져서 동아리, 봉사, 인턴십 등 대학생으로 할 수 있는 다양한 일도 자신감을 가지고 임하게 만든다. 지금까지 잘해왔다고 주위로부터 인정받았기 때문에 앞으로도 잘해낼 것이라는 자신감이 어떠한 도전을 해도 성공 가능성을 높이는 것이다.

최근 일부 기업에서 신입 직원 채용 시, 블라인드 면접을 시행하여 지원자들의 스펙을 전혀 알지 못한 채 면접을 진행해도 그러한 과정에서조차 주로 채용이 되는 사람은 결국 스펙이 뛰어난 지원자라는 사실이 자신감의 역할을 반증한다.

야구에서도 마찬가지이다. 연패를 당하고 있는 팀은 아무리 에이스를 동원하고 감독이 비상 체제를 선언해도 그 연패의 사슬을 끊는 일이 그리 호락호락하지 않다. 선수들의 머릿속에는 연패의 치욕이 가슴 깊이 남아 있어서 과거의 성공 경험을 상기하기 어렵다.

내 삶에서도 어제와 오늘의 나는 그리 큰 차이가 없지만, 작년과 올해의 나는 발전하고 있다며 고백할 수 있기를 소망한다. 이렇게 겸손한 마음으로 표현하는 자신감의 고백을 가리켜 '거룩한 자신감'이라 이름 지었다. 세상이 매우 험난해도 내가 가진 작은 재능을 활용하여 그 위기를 돌파하면서 승리한다는 믿음이 '거룩한 자신감'의 의미이다.

자만심이 들 때 해야 할 일

자신감과 자만심의 차이는 종이 한 장 차이라고 생각한다. 구체적으로 각각 그것을 '나는 이것을 해낸다. vs. 나 같은 사람 아니면 누가 하겠는가?'의 차이라고 구분하고 싶다. 자만심은 자신만이 가능하다는 믿음이고, 자신감은 자신도 할 수 있다는 믿음이다. 결과적으로 무언가를 할 가능성은 비슷해서 결과물은 같을 수 있으나 차이는 태도에 있다.

사람들은 돈을 벌어서 이 중에서 일부를 저축하고 투자하며 자산을 증식하기 위해 애쓴다. 그리고 자신에게 맞는 반쪽은 어디에 있는지 여러 사람에게 소개를 부탁하면서 이성을 찾아 헤맨다. 즉 어제보다는 오늘이, 오늘보다는 내일이 더 좋기를 바라면서 열심히 살아간다. 그러나 죽음 앞에서는 누구나 원점이 되는데, 여기에서 자만심을 이겨낼 수 있는 해결책을 발견한다.

죽음은 우리에게 말한다. "네가 얼마나 잘났는지, 나는 그것이 상관없거든."

결국, 모든 인간이 완전 똑같아지는 지점은 생과 죽음뿐이다. 병원에 가면 인생의 끝이 실감이 나면서 자만심이 깨끗하게 사라진다.

그리고 누구에게나 부끄러운 과거의 기억이 있다. 예를 들어 나에게는 2001년 7월에 난생처음으로 보았던 모의 토익 점수가 떠오른다. 이 처참한 점수는 지금과는 상당히 다른 점수이지만, 올챙이 적 시절을 되새기며 겸손하게 꾸준히 영어를 공부하도록 채찍질한다. L/C는 215점, R/C는 185로 400점이었다. 어떤 사안이든지 초보 시절의 모습을 기억하면 초심으로 돌아가기 쉬워지면서 역시나 자만심이 깨끗하게 사라진다.

자만심을 경계하며 살아가는 덕분에 자만심이 불러올 수 있는 위험 요소를 차단하면서 이 세상을 버틸 수 있다.

몰입의 즐거움

오늘을 위해 살아간다

예전에 원빈이 나온 영화인 〈아저씨〉에서 나온 대사가 지금까지 큰 감동을 준다.

"너는 내일을 위해 살아가니? 나는 오늘을 위해 살아간다."

내가 가진 사고방식과 거의 같기에 이 대사에 매료되었다. 이 대사는 유한한 삶을 살아가는 우리의 한계를 망각하고 마치 영원히 살아갈 생각으로 내일 일에 대해 아등바등하며 걱정부터 앞서는 우리의 인생을 정확하게 지적한다. 이 대사와 같이 오늘 천국으로 가더라도 지금 하는 일과 주어진 상황에 완전히 몰입하며 살아가고 싶다. 현실에 매진하느라 쓰러져도 좋다는 심정으로 몰입하길 원한다. 해야 한다고 마음먹거나 만나야 한다고 정한 대상이나 사람이 있다면 몸이 부서져도 현장에서 모두 처리하면서 쓰러지고 싶다. 즉 나는 나를 제한하지 않기를 원한다. 각 사람의 인생 끝은 아무도 모른다. 죽음으로 이어지는 인생의 끝이나 각 사람이 가진 재능이나 커리어의 절정 역시 물음표일 뿐이다.

그래서 지금을 사는 치열한 인생이 좋다. 어떤 선물이 나를 기다리고 있는지 기대하는 마음으로 하루를 살다 보면, 나와 세상의 색다른 모습을 알게 되면서 선물의 포장을 벗기는 느낌이다. 어떤 일을 하든 어느 곳에 있던 그 순간에 미칠 줄 아는 사람이 되고 싶다. 지금의 하루하루가 안겨주는 풍경을 등한시하지 않길 원한다. 주어진 일이라면 최고를 목표로 최선을 다할 줄 아는 사람이 되고자 하며, 비록 그 결과가 어떻든 정진할 것이다. 그것이 유한한 인간이 할 수 있는 유일한 일이다.

현재에 집중하기 어려울 때 살펴보는 글귀

대학 졸업 후 K은행에 최종 합격하자 5주 동안 동기들과 함께 신입 행원 연수를 받았다. 그 후 정들었던 그들과 작별하고 홀로 배치받은 지점으로 떠날 때, 뭐라 설명할 수 없을 정도로 여러 마음이 교차했다. 사람에 대한 집착이 그렇게 크지 않은 나에게도 영향이 상당했다. 거의 모든 동기가 갑작스러운 변화와 서로에 대한 그리움 때문에 힘들어하고 있을 무렵, 당시 입사 동기 회장이 하나의 글을 올렸다.

〈추억이 아름다운 인생을 방해해서는 안 된다〉

글의 제목이 말해 주듯이 연수원에서의 기억이 아주 좋았던 만큼 현실에 집중하는 것이 어려워도, 지금의 상황에 되도록 집중하기를 당부하는 메시지였다. 10여 년이 지난 지금에도 그 말이 강하게 기억나는 이유는 우울함을 극복하는 힘은 주어진 현실에 발을 붙이고 있음에서 비롯되기 때문이다. 우리는 타인의 모습이나 자기 자신의 특정 상황과 비교해 볼 때 현재 상황이 더 안 좋으면, 크고 작은 우울감을 느끼게 되므로 그때 필요한 처방은 '지금의 현실에 집중함'이다. 나이가 들어가면서 20대와 30대에 경험한 것이 그리워지면서 추억을 회상하고 그때를 동경하면서 우울을 경험하는 경우가 점점 늘고 있는 나와 같은 사람에게 더욱 절실히 다가오는 문구이다.

버티는 원동력 넷 ✦
사고방식을 전환한다

원망이 나올 때 그 환경의 속성을 생각한다

많은 사람은 뉴스 기사에 분개와 좌절을 맛보며, 북한이 도발이나 군사적으로 위협적인 발언을 할 때마다 당장에라도 전쟁이 터질 듯한 한국에서 산다는 사실에 불안감을 지울 수 없다. 나도 20대에는 어이가 없는 세상과 불공평한 사회에 대해 매일 흥분을 감추지 못했다. 이러한 모습이 군대에서 자주 비추어졌는지 동료가 나를 가리켜 투덜이라 자주 놀렸다.

그러던 중 K은행 입행 후 연수원에서 장애를 가진 한 강사의 메시지는 인생 최고의 강의였기에 내 인생에 많은 영향을 주었다. 그는 세상에는 두 가지 종류의 환경이 있는데 개인의 힘으로 통제 가능한 환경과 그렇지 않은 환경으로 나뉜다고 했다.

그 강의를 들으면서 과거에 환경을 너무나 원망했던 모습이 떠오르며 눈물이 날 뻔했다. 도저히 어찌할 수 없는 것에 대해 얼마나 분개하며 살았던지 고통이 생생하게 떠오른 순간이었다. 엄청나게 화려한 업적이나 스펙을 갖춘 분들이 건네주는 이야기가 아닌 몸이 불편해도 꿈을 잃지 않고 살아가는 그가 전하는 메시지라 더 진정성이 느껴진 결과, 이 강의 덕분에 내 성향이 조금씩 바뀌었다.

그 변화는 인생을 살아가면서 웬만하면 통제 불가능한 환경을 신경 쓰지 않으며 살아간다는 독한 결심이었다. 할 수 있는 영역에서는 최선을 다하고, 더욱 나은 미래를 만드는 방안을 마련한다. 하지만 반대로 아무리 용을 쓰더라도 변화를 일으키기 힘든 사안에서는 되도록 고민하지 말고 살도록 애쓰고 있다. 즉 노력에 따라 언젠가는 가능하다고 느껴지는 항목이 있다면 끝까지 추적해서 원하는 상태로 이루어 내고자 한다. 그렇지 않은 사안에 대해서는 신경 쓰느라 골치 아파하는 태도를 지양한다.

이와 같은 태도에 대해 주위에서는 이기적이거나 냉정하다고 판단할지 모르지만, 이것이 불평불만이 많아서 화가 극에 달했던 나를 살리는 길이었다. 그 덕분에 스트레스를 되도록 적게 받으면서 표정도 밝아지고, 그 변화를 바탕으로 주위에도 긍정적인 에너지를 전하고 있다.

나를 둘러싼 환경에 대해 사사건건 불만을 제기하고 세상 짐을 다 짊어지고 가야겠다는 과거의 태도는 자만이라는 두 글자였다.

첫 느낌에 심취하지 않는 자세

길거리에서 누군가를 멀리서 또는 얼핏 본다. 내가 평상시 알던 사람이 아닌지 의심이 되면서 그 사람을 슬쩍슬쩍 쳐다보게 된다. 과거의 추억을 회상하며 그 사람과의 관계가 떠올라서 자연스럽게 마음이 설렌다. 그런데 자세히 보면 전혀 다른 사람으로 판명이 나면서 그 환상이 순식간에 깨지면서 씁쓸한 마음이 찾아온다.

우리의 인생사가 그런 듯하다. 화려하리라 예상하거나 다른 무언가를 기대하며 어떤 조직에 속하고 사람을 만나지만, 시간이 지나면서 허접한 구석이 반드시 있음을 깨닫고 만다. 인간이 만들어낸 모든 것은 결점이 있다. 아무리 완벽함에 도전하려고 애를 써도 그것에 이를 수 없다는 사실이 언제나 겸손하게 만든다. 그 겸손함을 잊은 채 완벽하지 않은 인간이 다른 사람에게 왜 완벽하지 않냐며 지적을 하고, 다른 조직에 가면 더 나아진 모습을 기대하는 모습이 우리가 경험하는 아이러니다.

평소에 만나기를 꿈꾸어오던 조직이나 사람을 접해도 생각해야 하는 사항은 그것의 완벽한 모습이 아니어야 시간이 지나면서 경험하는 부정적인 요소에 좌절하지 않는다.

열심을 의미로 전환한다

우리는 학교를 졸업한 후 직장에 다니거나 사업을 하면서 각자의 역할을 감당하며 열심히 살아간다. 나 역시 하루하루 해야 할 일을 하면서 정신없이 24시간을 보낸다. 너무 정신없이 살아서 그러한가? 엊그제 또는 어제 무슨 일을 했는지 기억이 나질 않는다. 삶을 음미하기보다 해야 할 일을 하나하나 해결함에 급급한 나머지 기억이 가물가물하다. 이렇게 보내는 24시간이 훅훅 지나가고 축적되면서 종종 삶에 대해 의구심이 일어나기도 한다. 열심히 사는 것은 좋은데, 도대체 무엇에 집중하고 있는지에 대한 의구심이 든다.

이 아이러니를 조금이라도 해결하고자 택한 방법은 지나가 버린 하루하루가 모인 한 해를 종합하여 작년의 주요 성과와 비교하고 점검하는 일이다. 2018년에 비해 2019년은, 2019년에 비해 2020년은 무엇을 했고 무엇을 개선했는지 매년 말에 확인한다. 직전년도 대비 회사에서의 성과 비교, 자기계발을 위한 1년간의 노력, 그리고 여유를 갖기 위한 여행의 횟수 등으로 한 해를 정리하는 것이다. 항목을 정해서 매년의 나를 비교하거나 몇십 년 전과 지금을 비교해보면 확실히 달라진 자신을 발견한다. 그리고는 조금이라도 더 성숙해지며, 점점 그래서 사람다워지고 있음을 느낀다. 이것이 내가 나이가 드는 것에서 유익을 발견하는 방법이다.

버티는 원동력 다섯 ✦
냉철한 사고로 세상에 맞선다

Who said that?

대부분의 중소기업은 대개 독자적인 브랜드나 시장 장악력이 없어서 하청업체의 수준에서 크게 벗어나지 못한다. 경기가 매우 좋더라도 중소기업이 그것을 체감할 정도로 대기업이나 원청사는 호락호락하게 이익을 제공하지 않는다. 정부가 아무리 중소기업을 살린다고 여러 정책을 펴도 다른 업체에 맡길 수 있는 대체재가 존재하는 한 중소기업의 사정은 별로 개선되지 않을 것이다. 즉 독과점 위치의 회사에서 근무하지 않는다면 직장인이 경기가 좋아지고 있음을 체감할 확률은 매우 낮다.

이와 같은 현실은 회사뿐만 아니라 평범하게 살아가는 소시민에게도 적용된다. 주식에서 개미 투자자가 개별적으로 움직이는 한 기관과 외국인을 이길 수 없는 이치와 같다. 그래서 어쩌면 나아질 미래를 기약하며 열심히 일하라는 세상의 유혹은 기득권자가 돈을 벌고,

자신들의 권위를 유지하는 사탕발림일 수 있다. 이 때문에 우리는 좀 더 깨어 있어야 한다고 생각한다. 대기업이 놀라운 실적을 기록한다고 해서 서민에게도 낙수효과가 이어지길 기대하는 것이 아닌 값비싼 스마트폰을 구매하지 않는 등 대기업의 마케팅 유혹에 쉽게 넘어가지 않음이 현실적으로 우리가 추구할 수 있는 생활의 지혜이다.

기업은 물건이나 서비스를 팔기 위해 대세, 필수, 품절 등의 단어로 불안에 호소하며 욕구를 충동질하고, 남과 비교하게 하는 고도의 마케팅 기법을 사용하여 지갑을 열게 한다. 쉴 새 없이 쏟아지는 마케팅 메시지에 노출된 우리는 지금 소유한 제품이나 서비스보다 더 개선된 것을 사야 하지 않는지 생각해보고, 진정 필요하지 않은 것을 구매하거나 소득 수준에 비해 높은 소비를 한다. 소득과 상관없이 돈은 언제나 부족하다는 느낌을 방어하기 위해서는 기업의 광고 메시지를 냉정하게 바라보는 침착함이 필요하다. 예를 들어 기업은행 광고에서 송해 선생님이 개인 고객들이 기업은행에 예금하면 일자리가 늘어난다고 어필했다. 중소기업 대부분이 이용하는 기업은행의 특성을 고려하면, 광고 집행 후 광고 메시지처럼 수십만 중소기업이 기업은행 덕분에 고용 창출이 조금이라도 늘었어야 한다. 그러나 직업의 특성상 수백 개의 중소기업을 관리하고 만나는데, 한 번도 그들의 고용 사정이 나아졌다는 이야기는 들어본 적이 없다. 또한, 사람들이 편의점이나 슈퍼마켓에 가서 주로 구매하는 커피를 생각해보면, 20년 전에는 레쓰비나 맥스웰과 같은 소용량 캔커피를 선택했고, 10년 전에는 카페라테나 프렌치 카페와 같은 컵커피를 먹었으며, 지금은 T.O.P나 칸

타타와 같은 대용량 캔커피를 마시는 모습을 발견한다. 시간이 흐를수록 마시는 양과 지출하는 비용 역시 비례해서 증가했는데, 우리는 기업들의 숱한 광고 메시지에 자연스럽게 세뇌되어 자신도 모르게 소비 습관을 상향시키고 있다.

그렇기에 자신의 통장 잔액이 줄어들어서 절약해야겠다고 결심하는 사람이나 소비로부터 조금은 자유로워지고 싶은 사람에게 필요한 건 내가 하는 소비 습관은 과연 누구로부터 온 것인지 생각해보는 일이다. 자신의 필요에 의한 소비를 넘어 남들이 다 그렇게 하므로 나도 그렇게 해야겠다는 관념 속에 하고 있지 않은지 스스로 질문해보는 것이다. 차를 사려면, 옷을 사려면, 심지어 과자 하나를 사려면 '최소한 이 정도는 해야 하지 않을까?'라는 생각이 온전히 자신으로부터 온 것인지 확인해본다. 무분별한 메시지에 속지 말아야 할 대상은 스팸이나 피싱만이 아니다.

엄살이 일을 가능하게 만든다

해야 하는 일을 발견했는데 그리 깊은 생각을 해보지 않아도 쉬워 보이는 일이 있다. 내 수준과 주위 환경을 생각해보면 원하는 결과는 당연하다고 생각한다. 그런데 막상 해보니 예상 밖으로 잘되지 않는다. 반대로 도전하기가 망설여질 정도로 힘들 것으로 예상한 일이 있다. 거의 처음 접하거나 생소한 분야이거나 주위로부터 부정적인 이야기를 많이 듣다 보니 어떤 일이 닥쳐올지 두렵다. 그런데 막상 해 보니 별일이 아니다.

우리 인생이 원래 그런듯하다. 어려움을 예상하고 철저히 대비해야 그것에 직면해도 충격이 덜하다. 예상되었던 문제면 준비된 대비책으로 대응하고, 예상 못 한 문제는 비상 상황에 도움을 청할 사람에게 즉시 연락하는 등 나름의 해결 방법을 모색하면서 해결할 수 있다. 이와 반대로 그냥 잘 될 것이라는 믿음, 대충해도 되겠다는 안일함, 평범하고 적당하면 좋다는 사고방식 등이 상대적으로 쉬운 문제에 부딪혀도 우리의 인생을 더 작게 만들고 어려움에 무너지게 한다. 세상을 만만하게 보고 접근하는 그 생각이 우리를 시험에 들게 한다. 현실을 냉정하게 바라보고 분석한 후 그에 맞는 준비를 해야 쉬운 일은 쉽게 풀린다.

결혼에 대한 균형적인 시각이 필요하다

누군가가 결혼을 한다고 할 때 그 사람이 주위로부터 듣는 말 중 대다수는 부정적인 말이다. 두 사람이 만나 같은 공간에서 살아가면서 겪게 되는 경제 문제, 개인적 자유의 제한, 서로 간의 기질이나 성격에서의 차이 등 부정적인 이슈가 결혼한 후 본격적으로 수면 위로 떠오른다. 연예할 때는 잘 몰랐던 상대방의 단점도 보이면서 결혼의 부정적인 모습이 긍정적인 면을 압도한다.

아무리 뉴스에는 부정적인 소식으로 가득 차 있어도 이 세상은 대체로 살 만하다고 느끼는 것처럼 사소한 말썽이 있어도 행복하게 잘 사는 사람을 만나면, 결혼에 대해 다른 생각을 하게 된다. 그리하여 결혼에 대한 부정적인 시선이 많은 이 세상에 필요한 것은 결혼을 장려하는 혜택 위주의 정책보다 결혼하면 좋은 이유와 결혼 후 잘 사는 커플들의 스토리이다. 문제와 불만을 뛰어넘는 만족감이 결혼을 통해 생겼다고 고백하는 커플들의 이야기가 널리 퍼져서 부정적인 이야기만큼이나 많아진 결과, 비혼자들이 결혼의 긍정과 부정적인 면에 대해 균형적인 시각을 가졌으면 좋겠다. 해 보지도 않고 부정적인 이야기를 많이 들으면서 결혼을 아예 포기하거나 결혼의 의미를 등한시하는 일은 없기를 바란다.

동시에 결혼에 대한 기대를 바로 잡아주는 메시지와 증언이 좀 더 많아져야 한다. 우리는 대부분 결혼을 더 행복하기 위해 한다고 생각하지만, 결혼의 목적은 행복이 아니다. 인간이 좀 더 성숙해지고 다른 사람을 이해하게 하는 계기를 결혼이 제공한다고 믿는다. 태어나 언제 한 번 다른 사람을 위해 헌신을 하고, 특히 아이를 키우면서 인내를 배우겠는가? 성장하는 계기라고 믿는다면 어떤 어려움이 중간에 발생해도 참고 이겨낼 수 있을 것이다.

버티는 원동력 여섯 ✦
자신에게서 답을 찾지 않는다

자신을 뛰어넘는 교양의 재미

평소 좋아하는 음식, 좋아하는 브랜드와 취미활동, 세상과 일에 대한 사고방식, 비전 등이 뚜렷한 편으로 나 역시 주관이 뚜렷한 사람을 선호한다. 자기 색깔이나 자존감이 적은 사람에게는 그들의 개성과 잠재력을 일깨워주고 싶을 정도로 자신만의 매력을 중히 여긴다.

그러면서도 경계하는 사항은 자기 인생과 분야에 갇혀서 세상과의 벽을 만들 가능성이다. 먹어보지 않은 음식이기에, 경험하지 않은 세계이기에, 좋아하지 않는 나라이기에 거부하고 두려워하여 접해보지 않는 우를 범하지 않길 원한다. 자신의 성향과 반대되는 관념에 부딪히면서 아프고 넘어지는 과정을 통해 각종 깨달음을 얻고, 스스로 정해놓은 한계를 뛰어넘고 싶다. 이렇게 자신의 색깔을 가진 채, 타인과 타 문화에 노출하면서 자연스럽게 소통하는 과정을 통해서 세상과 친해지고자 한다.

처음으로 무언가를 경험한다는 일은 인생에서 가장 설레는 대상 중 하나이다. 설사 그것이 나와 어울리지 않는다고 할지라도 나에 대해 하나 더 알 수 있는 계기가 된다. 최소 한 달에 한 번은 해 보지 않은 사항을 경험하고 싶다. 천국에 갈 때까지 익숙하지 않음에 몸을 내던질 것이다.

자기계발서를 읽는 목적

수많은 책 종류 중에서 자기계발서만큼 호불호가 갈리는 책이 있을까? 자기계발서를 바라보는 두 가지 양극단의 시각이 있는데, 한 부류는 한국의 치열한 경쟁에서 살아남기 위해서라면 열심히 읽어야 한다고 강조하면서 자기계발서를 애호하는 사람이다. 반면 어떤 사람은 그러한 책을 읽는다고 해서 성공할 수 없으며, 너무 뻔한 이야기를 써 놓아서 재미가 없다고 비판한다.

자기계발서 마니아 중 한 명이었다가 최근에 와서는 거의 읽지 않는 내가 내린 결론은 이렇다. 자기계발서를 읽는 목적부터 생각해봐야 한다고 강조하고 싶다. 전 인류가 각자의 성격, 외모, 재능을 가지고 살아가듯이 인생도 어떻게 살아야 잘 사는지 정답을 제시 가능한 기준은 이 세상에 없다. 그렇기에 각자가 자신의 방식대로 추진하고 시행착오를 겪으면서, 자신에게 맞는 방향과 방법을 모색한다. 그 결과, 소수의 사람은 성공자라 인정받고 대부분의 사람은 그렇지 못한 채 인생을 마감한다. 결국, 성공이란 어떤 한 사람이 추구하는 방향과 방법이 이 세상에서 잘 먹혀들면서 인정을 받아 찾아오는 선물로, 누군가가 알려준 방법대로 따라 하다 보니 얻게 되는 내비게이션의 목적지가 아니다.

이와 같은 경험에 근거하여 자기계발서 저자들은 자신의 성공방식과 그간의 과정을 책으로 써내면서 자신만의 인생 지론을 주장한다. 이 책을 보는 이들은 그 스토리에 공감하고 자극을 받으면서 더 나은 인생을 추구할 원동력을 얻는다. 그렇기에 자기계발서는 말 그대로 변화를 추구하기 위한 자극제이자 충고일 뿐 성공을 이끄는 지름길이 아니다. 아무리 책의 제목이 화려하거나 혹하게 적혀 있더라도 영어에 왕도가 없는 것과 같이 인생에도 쉬운 길은 없다.

잘 나가는 인재로부터 배우는 한 수

대학원 때의 생활을 돌이켜보면 고등학교 3학년 때보다 더 열심히 공부했다고 망설임 없이 고백하고 싶을 정도로 과제와 발표의 끊임없는 연속이었다. 그런데 아이러니하게도 수업을 통해 배운 것보다 수업을 같이 들었던 형, 누나, 동생 등 학우를 통해 더 많이 배운 듯하다. 수업 내용은 이미 잊은 지 오래지만, 사회에서 인정을 받거나 경험이 많은 학우들과 나눈 이야기들은 지금까지 가슴속에 깊이 남아 있다.

또 하나 깨달은 사항은 그들은 대부분 언뜻 보기에는 잘 살고 자신감이 넘쳐서 별다른 고민이 없어 보이는데 자세히 들여다보면 반전이 있다는 점이다. 좀 더 친해지고 이야기를 하다 보면, 각자 모두 상처와 아픔으로 고민하고 괴로워하는 소시민들의 삶이 엿보였다. 아무리 회사에서 잘 나가는 임원 후보자이거나 연봉이 일억 이상이어도 자기만의 아픔이 있었다. 단지 가까워져도 그것을 함부로 드러내지 않으려는 방어기제가 있어서 파악하기 어려워 시간이 걸릴 뿐이었다.

사실 우리는 모두 아프다. 세상은 우리에게 강하고 긍정적인 모습을 보여 달라고 요구하기에 그리고 서로가 잘났다고 모여든 조직일수록 체면상 안 아픈 척하거나 웃어야 해서 발버둥치지만, 아픔을 100% 감출 수 없는 노릇이다. 이러할 때 생각나는 노래가 김국환의 〈타타타〉이다.

'우리네 헛짚는 인생살이 한세상 걱정조차 없이 살면 무슨 재미 그런 게 덤이잖소'

예전에는 너무 청승맞은 노래라 생각해서 와 닿지 않았는데 세월이 갈수록 가슴으로 다가온다. 걱정이나 상처 하나 없이 살면 그것은 살아 있지 않음을 의미하지 않을까?

버티는 원동력 일곱 ✦
소심한 사람에게만 전하는 글

자연스러워야 생기는 매력

어느 곳을 가든지 사람이 모여 있으면 어떤 사람이 있는지 파악하기 위해 그 자리에 모인 사람을 몇 차례 둘러보는 습관이 있다. 관찰하다 보면 두 가지 종류의 사람이 눈에 띈다. 한 부류는 외모가 뛰어나거나 언변이 좋거나 리더십이 뛰어난 등 무슨 이유에서든지 이목을 끄는 사람이다. 또 한 부류는 있는지 없는지 눈에 잘 보이지 않는 유형의 사람이다. 다시 말하자면 누군가 출석부를 통해 확인하지 않아도 존재감이 있는 사람이 있으며, 존재 여부를 점검하지 않는 이상 지각이 잘 안 되는 사람이 있다.

왜 그 구분이 나에게 유독 눈에 띄는가? 어느 부류에 속하는지 둘 중에 고르자면, 단언컨대 후자였기 때문이다. 어떤 사람은 딱히 전자도 그렇다고 후자도 아닌 그 중간 어느 즈음이라고 주장하겠지만 나는 아무 고민 없이 후자였다. 눈에 띄지 않으면서 10대를 살다 보니 앞서 기술한 바와 같이 여러모로 손해를 보는 일이 많아서 억울했다. 그런데 더 억울한 사실은 자신의 강점으로 사람의 이목을 끄는 자가 너무 부러웠다는 점이다. 인기 있는 사람은 계속 인기를 유지하거나 많아지도록 성격이나 기질을 타고난 점이 나로서는 매우 억울했다. 굳이 튀려고 하지 않고, 그럴 능력조차 전혀 없는 나는 나서질 않으니 상대적으로 능력이 떨어져 보일 수 있음에 자괴감을 항상 느꼈다.

이 자괴감을 탈출하기 위해 20대 때 시도했던 행동은 소심함을 떨치기 위한 부단한 노력이었으며, 그 노력을 위해 다른 삶을 살겠다고 누르는 재시작 버튼의 마음가짐이었다. 예를 들어 '현재 속한 이 조직에서는 그리 튀지 않아서 인지도가 낮지만, 다른 곳에 가거나 새로운 변화가 찾아오면 이와 같은 실수를 반복하지 않겠다. 그 결과 좀 더 적극적이고 밝은 사람으로 인정받는다'와 같은 다짐을 수없이 반복했다. 이러한 일념으로 다른 조직이나 경험으로 자신을 내몰고 갔었는데, 안타깝게도 그 결과는 노력보다 실패라는 두 글자로 매번 귀결되었다. 그 후 많은 세월이 흐르고 사회생활을 통해 대인관계가 조금씩 익숙함에도 내향적인 성격은 과거와 매우 큰 차이는 없다.

그래서 최근에서야 결심한 사항이 있다. 남이 되려 하고, 어떤 사람을 좇아서 하려 하고, 내 본 모습을 일부러 감추는 등의 부질없는 노력은 더 하지 말자는 다짐이었다. 한마디로 내가 가진 강점에 집중한 결과, 남과 비교하면서 약점과 초라함에 좌절하지 않겠다는 의지였다. 그러한 마음가짐을 가지고 살았더니 그제야 여유가 생겼다. 많은 사람으로부터 인정받거나 다른 모습을 보여주기 위해 애를 쓰지 않고, 그저 내 모습을 당당하게 나타낼 수 있는 자신감이 나를 더 편하게 만들어주면서 여유가 생긴 것이다. 편안하게 행동하니 결국 알아줄 만한 사람은 알아주고, 모르는 사람은 나를 여전히 모르면서 어느 부류의 사람과 좀 더 친해지고 관계를 쌓아야 할지 구분이 된다. 만나는 모든 사람에게 주목을 받거나 칭찬을 듣는 목표는 내가 추구해야 할 삶이 아니다. 그렇게 지음을 받지 못했다.

팍팍한 인생의 최고봉,
직장생활

'중간이라도 간다'의 이중성

경쟁 체계에서 '중간 정도의 위치'는 어떤 의미일까? 물론 어디에서나 중간을 차지하고 있다는 상황은 썩 기분 나쁘지 않기에 별탈 없이 지내는 시기일 수 있다. 특히 우리나라처럼 튀는 문화를 상대적으로 덜 선호하고 눈치를 자주 보는 사회에서는 '적당히'가 도대체 얼마나 크거나 작아야 그 의미에 맞는지 모른 채 느낌과 눈치를 통해 자주 사용한다

하지만 중간이 가진 가장 큰 맹점은 이것도 저것도 아닌 애매함이다. 상위권이면 그 영역에서 한 번 해볼 만한 싸움터에 있음을 의미하고, 하위권이면 버티고 있을 영역이 아님을 얼른 깨닫고 다른 판에 도전해야 하는 상황이다. 반면 중간에 있으면 경쟁력이 있다고 말하기 어려우면서 그렇다고 완전히 포기하고 다른 인생의 방향을 찾기에는 아쉬움이 남는다. 그리하여 중간에 있는 대다수의 평범한 직장

인은 이러지도 저러지도 못한 채 자주 흔들린다.

눈이 높아진 쪽은 구직자만이 아니다

한국의 경제 성장률이 점차 낮아지며 저성장 시대를 진입한 후 오랜 시간이 지나면서 기업은 신입 직원을 채용할 엄두가 나지 않는다. 기존에 근무하고 있었던 직원 역시 좋은 조건으로 이직이 쉽지 않기에 최대한 회사에서 버티고자 노력하는 사람으로 넘쳐난다. 그렇기에 어느 정도 경쟁력이 있는 기업과 취업 지원자가 선호하는 산업에서는 요구하는 채용 인력의 수준이 높아지고 있다.

특정 분야의 자격증을 가지고 있는 등 관련 경험과 지식은 기본으로 하고, 학점이 최소 3.5, 명문대 우대, 성실하면서도 창의적인 인재, 컴퓨터와 영어 능숙, 특정 외국어 구사 시 우대, 커뮤니케이션 스킬 우수 등 구인 공고에는 다양한 우대 조건이 나열된 경우가 흔하다. 이렇게 요구하는 조건이 많으면 그것에 상응하는 보상을 해 줄 수 있어야 하는데, 많은 기업, 특히 중소기업이 그렇지 못함에 문제가 있다.

10년 넘게 하고 있는 직업의 특성상 수많은 중소기업을 만나 이야기를 나누다 보면, 원하는 인력 채용의 수준이 어느 정도이며 채용 과정의 어려움이 무엇인지 자주 접한다. 그와 관련된 문제를 해결하기 위해 적당한 수준의 스펙을 요구하여 인력을 채용하고, 그들을 키워서 해당 기업에 장기적으로 근무하게 하면 좋겠는데, 그러한 중소기업은 거의 없는 듯하여 매우 안타깝다. 심지어 법인기업임에도 회사를 자신의 소유라고 생각하고 개인기업 운영하듯이 업무를 처리하거나 직원을 별로 아끼지 않는 태도를 볼 때마다 고객만 아니었다면 대표에게 뭐라고 하고 싶을 정도이다. 중소기업을 대상으로 컨설팅을 하고 있기에 중소기업 입장에 팔이 안으로 굽지만, 직원 관리를 잘 못 하거나 사업할 그릇이 되지 않는다고 느껴지는 대표도 은근히 많아서 더욱더 안타깝다.

취업준비생은 그들이 준비한 노력과 기회비용이 아까워서 중견기업 이상의 기업에 입사하도록 노력하고, 중소기업은 신입사원을 장기적으로 키워서 핵심 인재로 만들려고 하는 의지가 부족하다 보니 구인 · 구직의 미스 매칭은 해결되지 않는다. 대학생들의 눈높이가 낮아져야 한다고 많은 사람이 지적하지만, 인력이 필요한 기업 역시 요구하는 조건을 낮추거나 비전을 제시하는 등 수요자의 변화가 없이 공급자를 탓하고 있다.

강점이 약점이 되기도 한다

대학교 때 가장 책을 많이 읽었던 한 해에는 50권가량의 책을 읽었다. 그것도 한 번을 읽은 것이 아니라 2번씩 읽고 밑줄 그은 내용은 따로 정리했었다. 그러한 습관을 통해 읽었던 수많은 책 중에 가장

떠오르는 책으로 주저 없이 이 책을 꼽는다. 《위대한 나의 혁명, 강점
혁명》이다. 개인마다 가지고 있는 대표적인 강점 5가지가 무엇인지
설문조사 도구를 통해 파악할 수 있게 하며, 그 강점에 관해 기술하
여 하나하나 이해할 수 있도록 구성되어 있다.

이 책을 가장 최고라고 손꼽은 이유는 약점과 콤플렉스에 초점을
맞추고 살았던 지난 20여 년의 세월을 뒤로하고, 처음으로 잘하는 영
역에 집중하자고 다짐한 계기를 만들어주었기 때문이다. 이 책으로
인해 조금씩 어두웠던 과거를 벗어나 내가 가진 강점이 무엇인지 이
해하려고 하면서 자신감이 생기게 되었다.

그 후로 10여 년간 사회생활을 하고, 직업상 수많은 기업을 간접
적으로 경험하다 보니 깨달은 것은 기업의 강점이 곧 약점이 될 수
있고, 심지어 약점을 넘어 독으로 다가올 수 있다는 사실이다. 어떤
기업이 A라는 사업에서 많은 이익을 거두고 있으면, A사업이 메인
사업이기에 그것에 최대한 자원을 쏟아붓고, 틈틈이 다른 사업을 검
토하거나 시작하게 된다. 그런데 A사업을 수행하기 위한 역량을 갖
추다 보니 A에 적합한 인력을 채용하고 회사 시스템을 구축할 수밖
에 없는데, 이와 같은 인력과 회사 시스템을 다른 사업의 진출에도
적용하려고 애쓰는 오류가 발생한다. A사업이 성공했으니 이 경험과
자원을 바탕으로 B 사업도 해서 성공을 하거나 최소한 어느 정도의
성과를 낼 수 있겠다는 기대 하에 진행하는 것이다.

그러나 안타깝게도 A로 인한 강점이 B의 수행에서는 강점이 아니
라 오히려 약점이 되기도 한다. 아무 성공 경험이나 강점이 없던 기

업이 B라는 사업을 시작할 때는 아무 선입견이나 고집이 없이 도전과 추진을 할 수 있는데, 타 사업에서 성공한 경험이 있는 기업은 기존 성공 방식에 집착하는 경향이 있다. 그러므로 어떤 프로젝트에 성공하거나 사업이 잘된다고 생각할 때, 오히려 더 많이 고민하고 낮은 자세와 초심을 지키려는 자세가 필요하다. 이 과정이 쉽지 않아서 좋은 기업은 많으나 위대한 기업은 드물며, 장수하는 기업과 브랜드가 흔치 않은 이유가 된다.

그 처참한 현실 때문에
직장생활은 대개 괴롭다

회사생활에서 가장 힘든 것은 역시나 사람

K은행에 입행해서 신입사원 연수를 5주간 받기 위해 가자마자 한 남자와의 악연이 시작되었다. 인사부에 속해서 신입사원을 관리하던 그 사람의 이름을 아직도 정확히 기억한다. 그 김 과장이 나에게 던진 한마디가 10여 년이 지났으나 아직 비수로 꽂혀 있다. 당시 신입행원으로 연수원에 들어간 이후 여신, 수신, 외환, 수출입 등 거의 다 처음 들어 본 은행 용어에 적응이 안 되어 연수 중간에 본 시험을 망쳤다. 이때 나를 보며 그가 던진 한마디는 "너 어떻게 들어왔어? 뒤로 들어왔어?"였다. 여자 동기에게는 언제나 웃음으로 대하다가 냉정한 표정과 말투로 기분 나쁜 말을 하는 그가 인사부 직원이라는 사실이 이해가 안 될 정도로 기분이 매우 상했다. 그가 나에게 처음으로 말을 걸면서 하는 말이었기에 더 충격으로 다가왔다.

잘 알지도 못하는 사람한테서 모멸감이 섞인 말을 들은 이후에는 연수원 내내 우울감을 떨칠 수 없었기에 동기와 유일하게 친해질 기회를 놓쳐버렸다. 게다가 최종 시험에서는 잘 봐야 한다는 압박감이 느껴지면서 수업에 열중할 수밖에 없었다. 마음의 여유도 없이 수업에 임하고 공부하면서 너무 진지한 사람으로 낙인찍혔다. 그렇지 않아도 진지한 사람인데 웃음기가 없이 생활하고 있으니 다가가기 쉽지 않은 사람으로 인식되었다.

그와의 악연이 여기서 끝이라면 좋았을 텐데, 직장 내 훈련(On-the-job Training)을 가기 위해 그에게 문의했다가 또 하나의 큰 상처를 받았다. 같은 지점에서 교육을 받기로 한 여자 동기에게 연락해서 같이 만날 시간을 정해야 함을 밤늦게 깨닫고, 그녀의 전화번호를 늦게나마 알려달라고 그에게 문자 보냈다. 문자 보내자마자 그로부터 전화가 오더니 던진 한마디는 "술 취했냐? 미쳤어?"였다.

은행 입사는 처음부터 크게 어긋났다. 입행부터 시작된 균열이 결국 5년 반 이후 퇴사로 귀결되었다. 만일 그러한 일이 없었다면, 아직도 은행원으로 살고 있을까? 타임머신이 있다면 다시 돌아가서 시험을 다시 보고 싶다. 후회를 잘 안 하는 나에게 잊히지 않는 아쉬움의 순간 중 하나다.

자신의 문제는 외면하는 반쪽 눈

판 안에 속해 있는 사람은 모르지만 지켜보는 사람은 아는 경우가 많다. 그래서 바둑을 두는 것보다 누군가 두는 상황을 관찰하면서 훈수를 두는 시간이 더 재미있는 때가 있다. 이처럼 어떤 상황에 직면하면 종합적으로 생각하고 객관적으로 진단하는 자세를 잊어버리고, 경주마가 되어 앞만 보고 달리는 경향이 나타나는데, 이는 회사와 개인 모두 해당하는 사항이다. 그렇기에 객관적으로 판단하고 진단하여 솔루션을 제공하는 컨설팅이 중요한 이유이고, 그러한 역할을 담당하는 내 직업이 좋다.

그런데 안타까운 사실 하나는 내가 재직 중인 회사도 컨설팅을 좀 받아 봤으면 좋겠으나 컨설팅 회사가 컨설팅을 받을 생각은 안 한다는 점이다. 컨설팅 회사라 해서 문제가 없지 않으며, 다른 회사들의 경영 이슈에만 주로 신경 쓰다 보니 자신의 문제는 등한시하는 경향이 있다. 이에 더 나은 회사로 만들고 싶은 마음에 다른 컨설팅 회사에 위탁하여 진단을 받고 해결 방법을 고안해보기를 임원에게 여러 번 제안했으나 효과가 없거나 분위기만 안 좋아진다며 거절당했다.

'기업의 경영을 돕는 솔루션을 제공하는 파트너'를 기업의 미션으로 정했지만, 비용을 내고 컨설팅을 받으라는 제안에는 부정적인 태도가 매우 서글프게 느껴졌다. 마치 최강의 스펙으로 무장된 교수 집단이 모인 대학교와 대학원에 더 문제가 많다고 주위의 대학원생들이 하소연하는 것처럼 컨설팅 회사 역시 객관적으로 진단받고 개선점을 도출하기를 원하지 않는 아이러니가 있는 것이다. 이와 같은 딜레마는 실제로 컨설팅업의 발전을 방해하는 가장 큰 걸림돌이기도 하다. 문제가 있더라도 굳이 그것을 공론화시켜서 꺼내 보려고 하지 않으며, 적지 않은 비용을 들여서 해결해 보겠다고 앞장서는 리더가 별로 없다. 개인이나 조직이나 문제가 뻔히 있음에도 외면하면서 사건이 터져야 해결 방안을 모색하는 관성은 어디에나 관찰된다.

열심히 일한 직원을 위한 회사들의 반응

조직은 매우 이상하다. 똑같은 연봉체계를 가지고 일하는데 어떤 이는 죽어라 일하고 어떤 이는 잡담을 하면서 건성으로 일한다. 특정 사람에게 일을 계속시켜도 곧잘 해내면, 고생했다는 인사와 함께 격려의 차원에서 보상이나 휴가 등을 제공해줄 법한데 또 일을 시킨다. 일을 잘하는 직원은 야근에 파묻혀 살면서 일 중독 국가라는 대한민국의 오명에 협조하게 한다. 즉 일부의 사람에게 일이 지속해서 몰리는 것으로 조직은 성과만을 생각해서 개인적인 사정, 형평성, 합당한 보상 등은 뒤로 한 채 소수에게 더 많은 희생을 강요한다.

직원은 회사로부터 돈을 받고 그 대가로 노동을 제공하는 까닭에 주어진 일을 처리하고 성과를 나타내기를 기대받는다. 그래서 회사는 칭찬에 인색해서 슈퍼스타의 역할을 해 주지 않으면 쉽게 눈에 띄거나 인정받을 수 없다. 이와 같은 회사의 현실을 감안 시, 수고와 성과에 대한 적절한 보상이 반드시 있으리라는 믿음은 애초부터 접고 회사에 다녀야 하는지 생각될 정도이다.

기업 인사 평가의 모순

은행에서 근무할 때 가장 아쉬운 사항 중 하나는 어떤 조직에서나 가장 중요하다고 배운 팀워크의 부재였다. 업무의 특성상 고객과의 소통, 영업, 업무 처리 등은 단독으로 진행되면서 동료와 협동하여 이루어지는 프로젝트가 별로 없었기에 팀워크를 경험하기 어려웠다. 그런데 한 가지 아이러니는 각자 개인적으로 근무하면서도 성과급을 받는 기준은 개인보다는 지점 실적이 우선이라는 사실이었다. 속한 지점의 총 매출이나 성과 평가가 우선 좋아야 성과급의 파이가 커지고, 이에 따라 개인마다 성과에 근거하여 상여금이 지급되는 구조이다.

즉 속한 지점 전체가 잘하는 것이 중요하니 운이 좋으면 옆의 동료가 달성한 큰 성과 때문에 업무 능력이 떨어지거나 성실하지 않은 직원까지 덩달아 혜택을 받는다. 이러한 현실은 지금 근무하는 회사에서도 똑같이 적용되고 있다.

개인별로 목표를 부여하여 달마다 실적과 목표 달성률을 점검하지만, 회사의 매출이 떨어지면, 아무리 개인이 잘해도 연봉이 떨어질 수 있다. 매출이 성장하거나 최소한 비슷하게 유지되는 회사에 입사하지 않는다면, 가라앉는 배에서는 개별 직원 한 명이 아무리 열심히 노를 저어도 그 상황에서는 누구 하나 인정해 줄 여력이 없다.

회사의 비전이나 대표의 회유 등으로 그 직원의 노력과 성과를 상쇄시켜주지 않는다면, 에이스 역할을 감당하는 직원도 장기간 인정을 못 받으면서 그 회사를 떠나게 되어 회사의 상황은 더욱 열악해지는 악순환이 반복된다.

연봉이 기대보다 낮은 이유

만일 학교로 다시 가서 박사 과정을 밟는다면 연구하고 싶은 주제
가 하나 있다. 어떤 사람의 연봉을 결정짓는 여러 요소가 있는데, 각
요소가 얼마나 강하게 연봉 크기에 영향을 미치는지 상관관계를 수
치로 찾아보고 싶다. 이에 앞서 수백 명의 연봉 명세를 검토하여 대
출을 실행하고 중소기업부터 대기업까지 기업 방문이 일상인 경험을
바탕으로 연봉을 구성하는 요소를 도출해 보았다.

'연봉=국적 및 일하고 있는 국가＋능력의 희귀성＋경력 연수＋속
한 산업과 회사의 영업이익률＋근무 시간＋속한 회사의 시장 지위
＋직위와 정규직 여부＋수익 창출과 담당 업무 간의 밀접성＋기업
이 속한 산업의 시장 동향＋속한 회사의 규모와 임금정책＋노조의
존재 여부＋외모의 매력도＋인사고과＋CEO 성향＋운'

많은 사람이 자신의 연봉이 낮다고 할 때 생각해봐야 할 요소는
하나둘이 아니다. 하나둘이 아니어서 어떻게 연봉이 정해진 것인지
조목조목 따지기도 그렇고, 대부분의 회사는 상세하게 알려줄 능력
도 없는 노릇이다. 최저임금은 노사간의 합의를 통해 매년 정부에서

정해주지만 최저임금을 적용받지 않는 직장인들의 연봉은 누군가 이를 대행해서 결정해주지 않아 아쉽기만 하다. 각 사람이 행복한지 객관적으로 측정함이 거의 불가능하듯이 연봉 역시 쉽게 진단할 수 없는 미스터리 상자이다.

연봉을 산정하는 요소가 매우 다양해서 회사에서도 논리적으로 설명해주지 않는 가운데, 연봉에 불만이 매우 많은 직장인이 주로 택하는 방안은 적극적인 변화다. 자신이 연봉이 더 높아야 하는 이유를 재직 중인 회사에 제시하거나 아니면 더 좋은 조건을 제시하는 곳으로 이직하는 것이다. 그러나 보통의 직장인은 그럴 수 있는 처지가 아닌 까닭에 회사에서 제시하는 연봉 계약서에 서명으로 답하며 원하는 수준보다 낮은 연봉을 받게 된다. 연봉 문제뿐만 아니라 불편한 직장 상사와의 관계나 원거리 출퇴근 등 퇴사의 이유는 한둘이 아니지만 그렇다고 쉽게 그만둘 수 없어서 직장인의 하루는 그저 버티는 인생으로 보통 그려진다.

더 나은 기업문화를 위한
회사의 역할

밀레니얼 세대만의 문제가 아니다

사람이란 동물은 그리 간단하지 않다. 각자가 가진 재능, 성격, 기질, 습관, 경험 등이 다 달라서 하나의 잣대로 사람을 판단하기 어렵다. 이 때문에 사람과 사람이 모여 관계를 구축하고 협동을 하지만, 사람 간의 문제 역시 지속해서 발생한다. 회사 경영에서도 사람 관리는 매우 중요해서 회사가 할 수 있는 선에서 다양한 정책을 펴면서 직원의 업무 만족도를 높이려고 애를 쓰지만, 신입사원들은 쉽게 정착하지 못하고 퇴직하는 사례가 계속 발생한다.

특히 밀레니얼 세대에 대해 말이 오가면서 그들을 바라보는 기존 직원들의 우려 섞인 시선이 우리 사회의 문제 중 하나로 주목받고 있다. 그런데 이 이슈에 대해서는 그들을 탓하거나 그들을 이해하려고 노력하는 자세를 떠나서 경직된 한국 사회와 회사의 문화를 먼저 점검해야 한다고 생각한다. 회사는 상사의 지시나 제공되는 매뉴얼대로 일하고 행동하길 원하고 있는데, 밀레니얼 세대는 시키는 일이라고 해서 맹목적으로 하지 않고, 어느 정도 이유나 의미가 있는 일을 하기 원한다. 이 뜻은 업무를 지시받을 때, 그들은 타당한 이유를 설명받으며 소통하길 원한다는 의미인데, 이것은 비단 그 세대만의 목마름이 아니다. 모든 인간은 기계도, 군인도, 꼭두각시도 아니기 때문에 최소한 일부분의 업무에서는 의미 있는 일을 하며 일과 삶의 균형을 원한다. 그들의 요구는 현대 사회를 살아가는 인간이라면 충분히 주장할 만한 사항으로 그간 기성세대에게도 참고 또 참았던 해결되어야 할 사안이었다. 그렇기에 요즘 애들은 이해 못 하겠다는 비판에서부터 문제를 해결하려 하지 말고, 왜 우리는 목적이나 의미가 없이 일을 계속하도록 강요하고 있는지 고민해야 할 것이다.

어떤 기업에 입사하는 신입직원 중 성격과 적성이 맞지 않는다는 등의 각종 사유로 퇴사하는 이들이 허다하다. 그 결과 아무리 대학생이 선망하는 대기업과 공기업도 신입사원들의 퇴사율로 인사부는 골치가 아프다. 이러한 문제의 원인이 무엇인지 여러 가지 해석이 있을 텐데, 비교적 경제적으로 부유한 환경에서 자란 젊은 세대들의 특성상 참을성과 협동심이 부족하다는 견해에 동의한다.

그렇다고 그 책임을 신입직원에게서 주로 찾는 기성세대와 선배 직원들의 시선은 문제가 있다. OECD 국가 중 근로시간 2위, 폭탄주나 충성주 등 과도한 술 문화, 너무나 치열한 경쟁구조, 군대 서열 문화, 학연·지연 등 신입직원들의 자질 문제를 떠나 회사들의 모순을 꼽으라고 하면 한도 끝도 없다. 만일 신입직원이 죄다 이상하면 기업에 따라 그들의 퇴사율이 다른 원인은 어떻게 설명하고, 그 기업들은 무슨 재주로 그러한 결과를 얻었단 말인가? 부디 더 많은 기업과 기존 직원이 그러한 문제를 해결하기 위해 혁신의 노력을 하면서 젊은 직원에게 변화를 요구했으면 좋겠다. 상대방이 변하길 바라고 지적함에서 문제가 해결되지 않는다.

'회사별로 미션, 비전, 핵심 가치 등이 존재하는가?'
'존재한다면 직원이 납득할 만한 개념과 정의인가?'
'그와 같은 가치를 추구하도록 업무를 지시하고 평가하는가?'
'그 결과 모든 직원이 평상시에도 회사가 추구하는 가치를 잘 숙지하고 공감하고 있는가?'

우리나라 기업 중 몇 퍼센트가 이상의 물음에 모두 자신 있게 YES라 할 수 있을지 의문이다.

야근 문화는 언어에서 시작된다

우리가 자주 사용하는 말 중에서 별로 안 좋아하는 단어 중 하나는 '수고하십시오'이다. OECD 국가 중 근무 시간이 최상위권에 속하여 이미 일 중독으로 살아가는 한국임에도 더 일하거나 고생을 더 하라고 압박을 하는 듯 느껴져서 거부감이 일어난다.

그러던 중 어느 날 한국어로 수고하라는 말을 사용하는 상황에서 영어권에서는 "Don't work too hard(너무 열심히 일하지 마)"라고 격려함을 보고 충격을 받았다. 평생의 직장생활 중 상사로부터 너무 열심히 일하지 말라고 들은 적은 단언컨대 한 번도 없었기 때문이다. 그 말을 듣고 나니 사용하는 말을 바꿔야 일 중독의 나라라는 오명을 벗어날 수 있다는 생각이 들었다. 우리가 매일 쓰는 언어는 사회적인 가치관이 담겨 있어서 변화를 원한다면 수고를 타인에게 권하는 단어부터 사용을 자제해야 함이 떠올랐다.

개인적으로 일을 좋아하고 수시로 필요할 때마다 야근해야 하는 상황이 있음에 공감하는 일 중심적인 사람 중 하나이다. 그러나 눈치를 보거나 비효율적으로 일해서 야근해야 하는 기업 문화는 배격한다. 그러한 문화를 조성하기 위해 나부터 수고한다는 말을 사용하지 않으려 한다. 직장에서 결혼, 이성, 자녀 등 일과 관계가 없는 프라이버시가 침해되는 질문을 해서는 안 된다는 인식이 점점 퍼지고 있는 현상처럼 수고하라는 말 대신 빨리하고 들어가라거나 고생했다는 등의 격려하는 말이 퍼져 나갔으면 좋겠다.

정부가 규제를 통해 워라밸의 드라이브를 건다고 해서 야근 문화가 사라지는 것은 아니다.

위기일 때 위기라 말하는 회사는 하수

우리나라의 일반적인 회사에서는 회의를 주별 및 월간 단위로 하는 모습이 낯설지 않다. 회의는 회사원에게 익숙한 정기 모임임에도 그들 중 대부분은 회의한다고 하는 순간 표정이 굳어진다. 긴급하거나 중요한 이슈가 있을 때 그것을 해결하거나 대안을 찾기 위한 회의라면 회사원들은 그 회의의 의미를 이해한다. 문제는 생산적인 해결 방안이 없이 문제점을 몇 번이고 확인함에 그치는 회의에 그들이 지친다는 데 있다. 회사의 문제는 한둘이 아니기에 끊임없이 나오고 좀처럼 해결되지 않아서 했던 이야기를 또 하는 굴레에 빠지고는 한다. 그 결과 회의를 하면 할수록 어떤 문제에 대해 원점으로 돌아가는 사례가 반복된다. 오죽했으면 회의할 때마다 회의감이 들어서 회의(會議)가 회의(懷疑)라는 말장난을 할 정도이다.

특히 위기라는 말을 회의석상에서 너무 자주 사용하는 회사의 분위기가 회의를 더 심란하게 만든다. 11년이 넘는 사회생활을 하면서 실적이 매우 좋아서 이를 자제할 방법을 모색하는 회의를 한 적이 단한 번도 없다. 게다가 회사의 사업이 잘 안 될수록 회의를 빈번하게 하는데, 그 횟수에 비례해서 자주 듣는 말이 지금 위기라는 말이다. 위기라는 말은 자고로 필요할 때만 써야 효과가 있는데, 회의할 때마다 들려오면 위기는 공허한 외침이거나 평범한 일상이 된다. 개인의 노력이나 성과의 높고 낮음과 상관없이 위기라는 말이 자주 들려오면, 잘하는 직원조차 의욕이 하락하거나 타성에 빠지는 결과를 가져

온다.

　사업이 잘 안 될 때 위기라고 인식하는 행동은 누구나 다 할 수 있고, 내가 생각하는 진정한 위기는 회사가 잘 나갈 때 간과하거나 놓치고 있는 요소이다. 아무리 회사가 잘 나가도 놓치고 있는 기회 요인과 등한시하는 위기 요인이 반드시 존재한다. 그리고 남들이 불경기라 아우성치는 불황에도 잘되는 집이 있고, 호황이라고 주식이 상승 랠리를 펼칠 때도 한숨만 쉬고 있는 기업도 있다.

　즉 위기는 모든 회사와 사업부에 일괄적으로 적용할 수 없는 주관적인 요소이다. 따라서 회사에서는 직원의 사기를 생각한다면 위기론을 자주 언급하는 압박을 자제할 필요가 있다. 절대적인 위기도 무시할 수 없는 위기도 없어서 위험 요소는 언제나 존재하기에 위기를 강조하는 리더십은 하수라 할 수 있다.

버틸 수 있는 직장에 입사하는
취업의 팁

사랑과 구직의 공통점

인생에서 가장 어려운 주제 중 하나는 사람의 마음을 얻는 일이다. 기업은 그들의 제품과 서비스를 좀 더 많은 사람에게 노출하고 선택을 받도록 천문학적인 마케팅 비용을 지출하는데, 이것이 사람의 마음을 얻는 것이 얼마나 어려운지 보여준다. 그런데 단지 기업만이 아니라 사람과 사람이 만나 서로 점검하고 확인하는 연애와 취업에서도 사람의 마음을 얻으려는 처절한 노력이 공통으로 발생한다. 사랑과 구직은 그리하여 다음과 같은 공통점이 있다.

1. 쌍방 둘 다 상대방이 마음에 들어야 한다. 서로를 파악하기 위해 한 번 본 후 마음을 결정하지 않으며, 일반적으로 2~3회 만남을 거친다.
2. 여러 대안 중에서 선택할 수도 있고 아예 선택 가능한 옵션이 없

을 수도 있다.

3. 아무리 무승부를 많이 해도 소용없다. 단 1승이 필요하다.

4. 한 번 미팅해서 되는 경우가 있고, 백 번 해도 안 되는 경우가 있다.

5. 인생에서 가장 중요한 결정 중 하나다.

6. 나 자신이 원하는 스타일을 발견하여 그곳만 집중적으로 공략해
   야 성공 확률이 높고 잘 됐을 때 관계가 오래간다.

7. 잘 안 된다고 동네방네 찔러보는 행위에는 위험이 따른다. 신중히
   고르지 않으면 후회가 생기고 그 관계가 오래가지 않을 수 있다.

이렇게 취업과 연애/결혼이 공통점이 많은 까닭은 결국 사람과의
관계이기 때문이다. 둘 다 하루가 아닌 장기적으로 같이 가야 할 사
람을 고르는 과정이므로 적지 않은 고민을 수반한다. 요즘 취업이 어
렵다고 하지만 신기하게도 같이 일하기를 원하는 사람은 다른 회사
에서도 채용하기를 원하여 줄을 선다. 마찬가지로 연애에서도 인기
있는 사람은 솔로인 시기를 주위에서 가만히 놔두지 않는다. 사랑에
서나 구인에서나 얼마나 그 사람과 함께하고 싶은 이성이나 기업이
많은지 우리는 경험하고 평가받는다.

취업이 아무리 어려워도 고민해야 할 사안

누군가 직장을 구하거나 진로를 고민할 때, 세븐의 〈내가 노래를

못해도)의 가사를 생각해보라고 권하는 편이다. 그 노래의 일부는 다음과 같다.

"내가 모든 걸 잃어도 내 인기가 떨어져도 더 이상 노랠 못하고 다른 직업을 가져도 나라는 이유만으로 날 계속 사랑해줄 수 있니?"

이 소절이 노래에서 4번이나 반복되면서 강조하는데, 연인이 가지고 있는 요소 중 일부가 사라지는 한이 있더라도 사랑해줄 수 있는지 묻는 내용이다. 이 가사는 입사 여부를 최종 결정을 할 때도 한 번쯤 생각해볼 필요가 있다. 어느 기업에 가고 싶은 생각이 아무리 강렬해도 최소 한 번쯤은 그 회사의 가장 큰 장점이 없는 상황을 구직자가 생각해봤으면 좋겠다. 그 직장 또는 직종을 계속 사랑하면서 근무할 수 있겠는지 자신에게 질문해보길 바라는 것이다.

기업의 외부환경은 너무나도 다이내믹해서 잘 나가던 사업이 갑자기 망가지고, 회사의 대표가 실수를 저지르면서 세간의 비난을 한 몸에 받는 경우가 비일비재하다. 그렇게 되면 연봉이 하락하고 칼퇴근을 하던 기업문화가 비상 경영을 선언하며 야근이 심해지는 등 기업의 분위기는 완전히 달라진다. 따라서 중단기적으로 바뀔 수 있거나 외부로 보이는 화려한 모습이 아닌 해당 업이 가진 본질에 초점을 맞추고 그것에 자신이 맞는지 판단하는 자신과의 대화가 필요하다.

안정적인 고용 관계, 워라밸, 연금 등의 사유로 몇십만 명이 공무원 시험을 준비하고, 취업 시즌만 되면 대기업에 입사하기 위해 인성검사와 면접을 준비하는 인원들로 도서관이 넘쳐난다. 그런데 입사한 지 얼마 안 되어 퇴사하는 인원이 적지 않게 발생한다. 그렇게 힘든 과정을 거쳐서 취업했지만 직접 일을 해보니 못 견디고 퇴사하는 경우가 있는데, 주된 원인 중 하나는 직무의 본질을 크게 고민하지 않음에 있다. 업무에 대한 준비와 선호가 있어야 연봉이 적거나 상사가 마음에 안 들어도 버틸 이유가 생긴다. 그렇지 않아서 자신과는 도저히 맞지 않는 직업이라면 연봉이 아무리 높아도 하루도 버티기 힘든 것이다.

물론 요즘 취업은 매우 어렵다. 그럼에도 불구하고 취업은 되도록 신중하게 결정을 해야 하는 사안이다. 결혼하고 싶다고 해서 아무나와 할 수 없듯이, 취업이 힘든 와중에도 직종과 직업을 선택하는 자신만의 기준이 있어야 첫 단추를 잘 끼거나 후회하지 않는다. 직장은 단기간 다닐 곳이 아니라 다음 단계를 꿈꾸고 실현해나가야 하는 마라톤 레이스다.

그 직업의 최대 약점을 생각한다

은행에서 근무하면서 가장 괴로웠던 사항 중 하나는 실적 압박이지만 또 하나는 융통성이 없는 일터였다. 비가 미친 듯이 쏟아져도 지점의 문을 열어야 했다. 사고가 나거나 몸이 미친 듯 아파도 참고 일해야 했다. 샌드위치 연휴 때 연차를 쓰는 상황은 상상하기도 어려웠다. 코로나 바이러스와 같이 불가항력의 사건이 발생하여 그 공간이 폐쇄되지 않는 한 일을 하지 않은 날은 없었다. 실제로 5년 반

동안 근무하는 중에 노동조합이 정한 연 5일의 여름휴가 강제 소진을 제외하고는 연차를 하루도 쓴 적이 없었다. 수시로 쌓여 있는 일의 양이 많고, 대신 일을 처리하는 업무 파트너가 없었기에 융통성과 자율성은 거의 존재하지 않았다. 오로지 일, 또 일, 끝까지 일이 내가 경험한 은행원의 현실이었다.

은행에 재직하지 않는 사람이 은행원을 떠올리면 높은 연봉과 그에 따르는 실적 압박을 주로 이야기하는데, 주야장천 일을 하고 시키는 대로만 해야 하는 은행의 보수성은 잘 알지 못한다. 은행 업무는 자산 건전성이 중요하고 정부의 정책에 매우 영향을 받아서 각 직원이 매뉴얼대로 일을 해야 하므로 보수적일 수밖에 없다. 따라서 기업에 입사 지원하기 전에 연봉, 적성, 위치 등을 고려함이 중요하지만, 기업문화에 자신이 적응할 수 있는지 사전에 파악해 보는 행동 역시 매우 중요하다.

대기업 입사에 도전하기 전에 가슴에 손을 얹고 생각한다

실력이 있는 스포츠 스타라면 큰 무대로 그것도 유명한 클럽에 누구나 가고 싶어 한다. 박지성, 손흥민, 류현진, 추신수 등이 그 길을 갔다. 그런데 우리가 뉴스에서 보듯이 유명 스포츠 선수가 해외에 간다고 해서 모두가 성공하지 못한다. 위와 같은 이름의 사람만이 적응하고 더 나은 클럽으로 가거나 그곳에서 장기적으로 자리 잡는다. 이러한 사례는 대기업 입사를 꿈꾸는 수많은 청년에게 적지 않은 교훈을 시사해준다. 대기업에 입사하기 전에 자신의 경쟁력을 살펴볼 필요가 있다. '얼마나 경쟁에서 오래 버틸 수 있는가?' 또는 '핵심 인물로 등용되지 않아도 기를 펴고 지낼 수 있는가?'와 같은 고민에 객관적인 진단을 해보는 것이다. 이에 대한 긍정적이고 자신 있는 대답이 있어야 입사 후 어떠한 상황이 되더라도 흔들리지 않고 일할 가능성이 크다.

대기업에는 일 잘하는 사람, 진짜 머리 좋은 사람, 초호화 스펙으로 무장한 사람, 라인과 사내 정치에 강한 사람, 빽이 좋은 사람 등 무언가 하나씩은 갖고 있다고 느껴질 사람이 가득하다. 그리고 대기업이 규모가 크고 사업의 지속 가능성 측면에서 안정된 직장일 수 있으나 그 안정성을 유지하기 위해 시스템이 유기적으로 돌아가게 하는 내부 구조를 주의할 필요가 있다. '관리의 삼성'이라 부르듯이 수백 수천 명의 직원이 근무하면서 조직이 기계처럼 원활하게 움직이도록 설계한 체계성과 절차가 대기업의 특징 중 하나이다. 회사가 각 직원이 하는 일을 알 수 있도록 관리하는 시스템의 체계성 정도가 대기업과 중소기업의 차이를 나타낼 정도로 규모가 큰 회사일수록 매뉴얼화되어 일해야 함을 의미한다.

따라서 살인적인 경쟁에 치이지 않고 자신만의 권한과 책임을 지고 일을 하고 싶다면, 적임자나 후계자를 찾고 있는 유망 중소기업에서 커리어를 모색함이 더 현명한 선택일지 모른다. 기업이 작으면 작을수록 시스템이 아닌 사람의 역량에 의해 일이 진행되고 회사가 운영되다 보니 개인의 역량이 여실히 드러날 공산이 크다. 그렇기에 튀기를 좋아하거나 자신이 가진 역량을 드러내고 적극 발전시키기 원한다면, 중소기업이 더 나은 옵션이 된다. 실권자가 되어 사장과 함께 주도적으로 경영하는 경험은 대기업에서 맛보기 힘들다.

우량 중소기업을 찾아서 취업난을 이겨낸다

우리나라 사람은 대체로 중소기업보다는 대기업을 선호한다. 물건을 구매하고 서비스를 이용하거나 취업을 할 때 등의 상황에서 대기업을 먼저 고려 대상으로 삼는다. 물론 나도 취업을 해야 할 때 그랬다. 대기업, 금융기업, 공기업 등에 취업이 그렇게 호락호락하지 않았음에도 그것들이 취업 우선순위였다.

그런데 전체 사회생활 기간을 돌이켜보면 만난 사람은 대부분 중소기업 종사자나 대표자이다. 사회생활을 시작할 때는 중소기업을 꽤 자주 방문하여 이야기를 나눌 모습은 생각조차 하지 않았기에 인생은 정말 알 수 없다고 회고된다. 은행에서 근무할 때 중소기업을 대상으로 대출 업무를 취급했고, 현재는 중소기업을 위주로 컨설팅을 수행한다. 이와 같은 경험을 통해 공통으로 깨닫는 사항 중 하나는 중소기업이 힘들다고 언론에서 자주 보도되지만 힘든 시기에도 잘 나가는 강소기업이 꽤 있다는 점이다.

대기업은 효율이 잘 나지 않거나 핵심적인 업무가 아니라고 생각할 때 사업 중 일부분을 외부 회사에 위탁한다. 예전에는 하청업체라 불렀었는데, '하청'이라는 말이 위화감을 조성하다 보니 말을 바꾸어 협력업체라는 명목 아래 중소기업에 일을 대신 맡기는 것이다. 경기가 좋거나 해당 대기업이 매우 사업이 잘될 때는 상관없지만, 경기가 악화될수록 대기업도 협력기업에 위탁하는 양을 줄일 수밖에 없다. 그때 각종 사유로 평가가 안 좋은 중소기업을 가지치기해 버린다. 이래서 어느 정도 규모가 있고, 평판이 좋고, 재무 상태가 괜찮은 회사에 일감이 몰리면서 중소기업 중에서도 빈익빈 부익부가 발생한다.

그리고 중앙 정부에서는 중소벤처기업부나 연구 · 개발 평가기관을 통하여 그리고 각 지방 자치단체는 시군별 사업을 통하여 중소기업을 지원하는 정책을 꽤 많이 시행한다. 아쉽게도 그 정책을 잘 파악하고 준비하는 일부 중소기업만이 정책 혜택을 독차지한다. 또한, 지원금이나 보조금을 받기 위해 중소기업 간에 서류나 발표 심사로 경쟁하는데, 정부의 입장에서도 성과를 내야 해서 성과를 낼 가능성이 큰 중소기업을 지원하는 편이다. 그 까닭에 어느 정도 체계가 잡혀 있거나 재무적 안정성을 갖추거나 인력이 우수한 등 무언가 내세울 거리가 있는 중소기업이 최종적인 수혜자로 뽑히는 현상이 일반적이다.

즉 중소기업이라 해서 다 힘든 것은 아니며 준비된 자를 선호하는 현상은 어느 영역이든 존재한다. 그리하여 이름 한 번 들어보지 못한 회사라고 해서 무시하지 말고 강소기업을 찾아 관심 있게 지켜보고 꾸준히 입사를 지원하는 자세가 취업난을 이겨내는 방법의 하나이다.

최대한 버티면서
직장에 다니는 팁

어쩔 수 없이 오해를 받을 때 하는 생각

인간관계를 쌓다 보면 가슴에 손을 얹고 생각해봐도 그러한 의도
가 아니었는데 오해의 눈초리가 향하기도 한다. 일상적으로 만나는
사이에서 빚어지는 오해라면 극단적으로 안 보면 그만이라 생각할
수 있는데, 직장 관계에서 그러한 상황이 발생하면 매우 난감해진다.
오해를 받을 만한 소재가 있었다면 충분히 내 생각을 설명하고 양해
를 구하지만 아무리 그렇게 해도 그 사람과의 관계가 어그러진 느낌
을 지울 수 없다. 때로는 무엇을 어떻게 할 수 있을지 의문이 들면서
지치기도 한다. 다시는 버틸 수 없는 상황에 이르면 이 때문에 퇴직
하는 직장인이 수두룩하다.

해야 할 일을 성실히 잘해나가고 있는데, 속한 회사나 팀의 상황
이 안 좋거나 일부 조직원의 부진으로 덩달아 욕을 먹어야 하는 경
우가 있다. 직접적인 잘못이 없다고 해도 속한 조직이 낮게 평가되는

일이 발생할 때, 깊은 책임감이 느껴져 의기소침해진다.

위와 같은 두 가지 상황에서 중학생 시절 선생님이 전해준 말 한마디가 위로해준다.

"너만 당당하면 돼!"

중학교 2학년 때 우리 반이 매번 시험을 볼 때마다 꼴찌였다. 분명 공부 잘하는 애들이 좀 있었는데도 공부를 제일 못하는 반으로 찍히면서 선생님들이 우리 반에 올 때마다 비판하거나 비아냥거렸다. 그것이 너무 싫어서 하루는 그와 관련된 글을 썼다. 우연히 당시 담임 선생님이 보더니, 글을 잘 쓴다며 칭찬해주시면서, 환경이 어떻든 남이 뭐라고 하던 너만 당당하고 떳떳하면 된다고 말씀하셨다.

우리는 때로 주위의 평가나 의견에 따라 기분이 좌우될 때가 있다. 그럴 때 생각해야 할 것은, 내 진정한 양심은 나의 솔직한 마음과 작은 행동까지 다 알고 있다는 점이다. 중심이 바로 잡혀 있고 누구에게 공개해도 떳떳하다면, 다른 사람의 말이 무엇인들 두려워할 필요가 없다. 중고등학생 시절 유일하게 존경하는 선생님께서 해주신 한마디는 20년이 넘도록 지나도 아직도 살아 숨 쉬고 있다. 어디에 있든 무엇을 하든 양심에 의지하여 살아가면 된다.

똑같이 일해도 태도는 다르다

어느 상점으로 물건을 구매하거나 식사하러 갔을 때 만나고 싶지 않은 두 가지 유형의 사람이 있다. 첫째는 인상을 쓰고 있는 주인이고, 둘째는 열정이 없는 직원이다. 원하는 바를 얻기 위해 돈을 소비하고자 일부러 찾아간 곳인데, 무슨 이유인지 모르겠지만, 부정적인 인상과 태도를 표출하는 판매자를 바라보면 그 물건이나 서비스의 가치를 낮게 평가하게 된다. 그들이 만들거나 포장해 주는 음식과 물건에는 무언가 영혼이 빠진 느낌이다. 그들로부터 그 일에 대한 열정이나 진정성을 찾아보기 어려우며, 잠시 돈을 벌기 위해 어쩔 수 없이 일한다는 느낌이 그들의 태도를 통해 전해진다. 반대로 일부 직원은 자신이 그 상점의 주인인 듯 혼을 실어서 일을 하는 모습을 가끔 목격한다. 이럴 때 놀라움의 얼굴로 그들을 격려하고 칭찬한다.

칭찬을 굳이 하는 이유는 처음부터 모든 것이 갖추어진 직업이나 사람은 없기 때문이다. 작은 자리에 있더라도 책임감을 느끼고 적극적으로 일하다 보면, 자신이 원하는 자리에 이르거나 적성을 발견하는 기회가 온다. 인턴을 하든 아르바이트를 하든 그 일을 어떻게 하면 잘해낼 수 있을까를 고민하여 자신만의 스타일로 자리를 꿰차는 사람은 어느 회사에서든지 환영한다. 금방 그만둘 수 있다는 태도는 이 세상 어느 조직도 싫어한다.

너트와 볼트에서 발견하는 사회생활의 교훈

우리는 물건을 수리할 때 공구를 사용한다. 대충 눈으로 봐서 맞겠다고 생각하는 볼트를 골라 너트에 살며시 끼운 후 드라이버로 돌려본다. 분명 맞겠다 싶어서 골랐는데, 이상하게도 힘을 주어 돌려도 잘 들어가질 않는다. 그러다가 다른 볼트로 교체하며 시도해보다가 마침내 잘 맞는 조합을 발견했을 때 안도를 느낀다. 하지만 여전히 의심스럽기도 하다.

'과연 이 볼트가 완전히 너트에 100% 맞는가? 이것보다 더 나은 조합이 있지 않을까?'

이 단순한 볼트와 너트의 원리는 우리 삶에서 특히 직업 선택 시 적용할 수 있다. 우리에게는 각자 선천적 소질이 있고, 선호도라는 취향과 개성이 있다. 그런데 태어나면서 그것이 무엇인지 전혀 알지 못하므로 자신이 좋아하는 것을 고민하다가 하나하나씩 시도를 해본다. 그런데 생각 외로 예상 보다 맞지 않는 일에 당혹스러워하고, 우연히 시도한 일이 오히려 맞음에 놀라기도 한다. 이러한 과정을 거쳐 전혀 생각하지도 않았던 곳에서 적성을 발견하고 자신을 더 잘 알게 된다.

이처럼 끊임없는 시도와 실패를 통해 반복되는 우리의 인생은 너트와 볼트가 맞게 끼워지는 원리와 비슷하다. 직접 해 보지 않으면 그것이 자신에게 적합한지 알 수 없으며, 적합하다고 생각하는 일을 해보다가도 더 맞는 일이 없을지 궁금해지면서 새로운 일에 도전하게 된다. 즉 너트와 볼트의 원리를 이용하여 다음과 같은 직장 생활 관련 팁을 발견할 수 있다.

무엇이든 다 해 봐야 맞는지 아닌지 알 수 있다.

그저 책상 위에서 이론 공부만 하거나 선입견을 품고 자신에게 맞지 않겠다고 쉽게 치부해버리지 말고 직접 부딪혀야 정확히 알 수 있다. 새로운 노래는 들어봐야 좋은지 안 좋은지 알며, 새로운 음식은 먹어봐야 맛있는지 맛없는지 아는 단순한 원리를 말한다. 경험에 노출되지 않는 인생은 그 한계에서 벗어날 수 없다. 직접 여러 종류의 너트와 볼트 중에서 고른 후 끼워봐야 적합 여부를 알듯이 경험의 폭이 그 사람의 사고의 폭을 좌우한다.

최소한 1년을 버티어야 구분이 된다.

볼트가 너트에 맞는지 아닌지는 바로 넣자마자 알 수 없고, 몇 번 힘을 주어 돌려봐야 알 수 있음에 주목하고자 한다. 인간이 가지고 있는 눈은 볼트와 너트의 교묘한 조합을 읽어낼 수 없듯이 직접 해 보고 어느 정도의 시간 동안 반복 및 연습을 해야 이것이 자신과 맞는지 아닌지 감이 온다. 요즘 취업이 힘들다고 하지만 몇 개월도 안 되어 퇴사하는 사람도 수두룩한데, 그것은 제대로 드라이버를 돌려 보지도 않고 안 된다고 쉽게 짜증을 내는 태도와 같다. 몇 개월의 회사생활을 통해 그 회사와 산업의 특성을 단정하고 판단함은 수면 위의 빙산의 일각을 보고, 빙산 전체를 설명하려는 태도이다. 1년이 지나며 한 회사에서 4계절을 겪어야 그 회사의 비성수기와 성수기를 모두 경험하며 그것에 대한 소감이라도 계절별로 말할 수 있다.

에이스(Ace)의 전제 조건

어떤 신입사원이 한 회사에 들어갔을 때 일반적으로 그들은 의욕에 넘친다. 상사가 시키는 업무는 무엇이든 잘 해내겠다는 열정을 보여주지만, 이것이 사회 초년생이 범하기 쉬운 깊이가 없는 열정일 위험이 있다. 신입사원의 패기는 당연히 부정적인 대상이 아니지만 그렇게 바짝 하다가 지치거나 회사나 상사로부터 실망감을 느끼면서 그 패기가 빠르게 없어질 수 있다. 회사에서는 미친 듯이 무언가를 하는 시기도 있지만 대부분 기본적인 퍼포먼스를 꾸준히 내야 하는 순간의 연속이라는 사실을 망각한 결과물이다. 잠깐 너무 뜨겁게 일을 하기보다는 장기간 지치지 않고 꾸준함을 보여주는 것이 오히려 낫다. 인생은 마라톤이라 비유하듯이 직장생활도 1~2년 단기적으로 하는 처지가 아니라면 멀리 보고 달려야 하는 레이스이다. 직장, 타이틀, 하는 업무는 가끔 달라질 수 있어도 한 사람이 보여줄 수 있는 태도가 일관적인 사람이 프로라 불릴 수 있다.

회사에서만이 아니라 보통의 인간관계에서도 우리는 기본기를 중히 여긴다. 겉으로는 또는 말로는 번지르르하여 툭툭 과장과 헛된 약속을 내뱉는 사람을 우리는 대개 싫어하며 아무리 친절해도 그들을 신뢰하지 않는다. 반대로 기본적으로 해야 할 일은 해주되 상황에 따라 좀 더 하고 덜 할 수 있는 성실성이 가미된 열정을 우리는 더 반긴다.

더욱이 사업의 지속 가능성이 매우 중요하므로 더 보수적일 수밖에 없는 회사의 본질상, 안정적인 사람을 더욱 선호할 수밖에 없어서 열정이 너무 넘치는 직원을 그리 곱게 보지 못한다. 누구나 인생에 우여곡절을 겪기에 항상 잘하거나 기분이 최고일 수 없지만 그럼에도 기본은 늘 해주는 사람을 회사는 원한다.

야구에서 에이스는 퍼펙트 게임을 시즌마다 한 번씩 해주는 사람이 아니다. 6이닝 이상을 3실점 이하로 막아주는 Quality Start를 꾸준히 보여주는 이가 모든 감독이 원하는 진정한 에이스다. 그 까닭에 QS는 야구에서 투수에 대한 중요한 평가지표이다. Ace가 되려면 그 앞에 B를 붙이는 Base 다지기를 계속해야 한다고 생각한다. 에이스의 전제 조건은 기본에 충실함에 있다.

월드컵 할 때 누구나 축구에 미칠 수 있다. 특별 새벽기도 기간에는 누구나 새벽기도에 관심이 높을 수 있다. 우리는 이것을 Fashion, 즉 일시적 유행이라고 부른다. 반면에 어떤 사람은 비가 오거나 눈이 수북이 쌓여 있어도 조기축구를 하는 곳으로 향한다. 기독교인 중 일부는 날씨와 자신의 컨디션과는 관계없이 날마다 새벽기도로 아침을 맞이한다. 우리는 이것을 Passion, 즉 진정한 열정이라고 부른다.

"당신의 뜨거움, Fashion입니까? 아니면 Passion입니까?"

내 인생 최고의 강의를 통한 직장 생활의 교훈

만일 인생 마지막 날을 산다면, 다른 사람에게 유언하듯이 무엇을 전하면서 천국으로 갈 것인가? 아직 젊은 나이라고 생각하기에 그것에 대해 깊게 생각해본 적은 없으나 지금까지 들었던 수없이 많은 강의나 설교 중 하나를 전해주고 싶은 생각이 스쳐 지나간다. 당시에 제일기획 제작본부 상무로 여성 최초 임원으로 재직했던 최인아 상무님의 강의다. 22세 때 들었던 내용인데 아직도 기억이 생생할 정도로 그녀의 강의는 나에게 임팩트가 있었다. 그녀는 카피라이터로 활동했는데, 기본적 퍼포먼스의 중요성을 강조했다.

광고대행사에서의 업무는 말 그대로 고객사를 위해 광고를 대행하여 제작 및 집행함을 의미한다. 광고회사의 자금은 일절 사용하지 않고, 광고주의 돈으로 일하는 것이다. 그렇기에 그녀는 그 돈에 대한 책임감이 중요하다고 강조했다. 광고기획자나 카피라이터가 흔히 하는 실수 중 하나는 자신이 평소에 하고 싶었던 유형의 광고를 만들거나 아무도 시도하지 않는 광고 기법을 사용하여 제작하는 경향이다. 하지만 언제까지나 광고는 마케팅을 구성하는 프로모션 전략 중의 하나이며, 가장 비용이 많이 소요되는 분야이기에 어느 정도의 매출 성과가 있는 방향에서 콘셉트를 정하고 제작해야 한다고 강조했다. 그래야 어느 정도 색깔이 있는 광고를 산출물로 내세우면서 기본적인 매출 성과가 나온 결과, 광고주와의 관계가 오래 구축된다고 전했다. 즉 아무리 창의적이라고 칭찬받는 광고를 선보여도 광고주가 거대 자본을 들여서 매출을 상승시키거나 브랜드 인지도를 제고하려는 등의 광고를 집행하는 목적을 등한시하면 안 된다고 지적했다. 누구나 만들고 싶은 좋은 광고의 특징이 뛰어난 기교, 창의성, 역발상 등으로 설명하는 강의가 일반적인데, 화려한 면이 아닌 기본의 중요성을 강조했던 강의라 뒤통수 맞은 듯해서 더욱 기억에 남는다.

어떤 조직에서 무엇을 하던 기본적인 일은 해줘야 한다는 지혜를 그녀 덕분에 22세에 배웠다. 비록 가끔은 연약하고 건강이 안 좋거나 기복이 있을 수 있으나 서 있어야 하는 곳에는 끝까지 서 있어주는 책임감을 확실히 익혔다. 꾸준히 퍼포먼스를 내면서 회사에 안정성을 제공하는 인재가 되고 싶은 인재이고, 같이 일하고 싶은 직원의 기준이다.

또한 누구나 문제를 지적할 수 있다. 수면 위에 드러난 문제는 누구에게나 보인다. 하지만 그 문제를 해결하는 사람은 누구나가 아니다. 수면 아래의 있는 문제의 근본 원인을 찾아내고, 그것을 해결하기 위해 부단한 노력과 경험이 요구된다. 우리는 그와 같은 역할을 담당하는 사람을 에이스라 부른다.

스펙이 아닌 평판을 관리한다

은행에 다닐 때, 회사에서 인정도 받고 직업에 대한 자긍심도 높은 한 선배가 있었다. 그는 젊은 직원에게 은행원이 최고의 직업이라고 전파하고 다녔다. 같은 대학을 졸업한 까닭에 꽤 자주 만날 자리가 있어서 가깝게 지냈는데, 평소에 궁금했던 하나의 질문을 그에게 했었다. 십 년 이상 선배인 그가 느끼는 세대 격차나 신입사원에 대한 관점을 알고 싶었다.

"최근에 입사한 직원에게 무엇이 부족해 보이십니까?"

그가 말하길 더 중요한 요소에 집중할 줄 모르고 아직도 학생인지 안다고 답했다. 회사에 입사한 후에는 스펙에 적당히 관심 두고 평판에 신경 쓰라는 말이었다. 신입 직원이 중요하게 생각하는 스펙 요소는 입사 후에는 부차적이어서 시키는 일 잘하고, 상사의 지시에 책임감 있게 대처하며, 주위에 잘하는 기본기의 중요성을 그는 강조했다. 입사 후에도 스펙 쌓기에 열중하는 어린 직원들의 근시적인 안목을 지적했다.

꽤 많은 시간이 흐른 지금의 시점에서 그의 조언을 다시 생각해볼 때, 그의 주장에 완전히 공감한다. 학생은 공부하고 관련된 경험을 하기 위해 자신의 돈을 지불하고 학교에 다닌다. 반면에 회사는 각 사람이 갖춘 능력과 지식을 바탕으로 수익이나 가치를 창출하기 위해서 학교와는 반대로 돈을 제공하여 일을 시킨다. 그렇기에 회사는 스펙을 쌓기 위해 오는 곳이 아니라 그 스펙을 사용하는데 가장 큰 초점을 맞추길 원한다. 사회생활을 시작했으면 학생의 습관, 사고방식, 행동 등을 버리고 프로페셔널 마인드로 전환이 필요하다.

스펙으로 알 수 없는 차별화

대학생이 아님에도 여전히 종종 MT를 가고 대학생 때는 MT가 일상이었다. 수십 번 가다 보면 다음과 같은 풍경이 자주 연출된다.

MT에 가면 대개 목적지에 도착하자마자 협력해서 고기를 굽고, 맛있게 먹은 후 설거지도 몇몇 사람이 솔선수범한다. 열심히 놀고 배부르게 먹은 다음 날에는 늦잠을 위해 밥을 거르는 사람도 많고, 의욕적으로 일하는 사람도 거의 없다. 이럴 때 조용히 아침을 준비하고 야식 먹었던 설거지까지 도맡아 하는 이들이 있다. 처음에는 몰랐는데 MT를 많이 가다 보니 발견하는 사실이 있다. 이러한 사람이 진국이다.

실제로 직장생활에서 사람을 평가할 때 그들이 보여주는 초반의 자세나 말을 잘 믿지 않는다. 어느 조직을 가봐도 처음에는 대부분 의욕이 넘치지만, 그것이 끝까지 유지되는 사람은 극히 소수라서 그렇다. 마치 월드컵 시즌에는 모든 한국 경기를 밤새 미친 듯이 응원해서 진정한 축구 팬으로 보이는 사람 중에 평소에는 K리그를 안 보는 사람이 많은 것과 같다. 우르르 몰리는 상황이나 의욕이 충만한 초반에는 누구나 열심이다. 그러나 끝까지 남는 자를 핵심 인재라 부른다. 이것이 스펙으로 알 수 없는 차별화 조건이다.

20대도 꼰대일 수 있다

출퇴근하는 길에 영어 라디오를 주로 듣는데, 어느 날 영국 BBC 방송이 선정하는 오늘의 단어가 '꼰대'라는 한국의 단어이며, 꼰대에 대해 영어로 뜻풀이했다고 보도했다. 해당 방송국은 꼰대란 Old man이 자기 자신은 언제나 옳다고 생각하는 것이라고 소개했다. 위키백과에 등재된 바로는, 꼰대의 의미는 '자신의 구태의연한 사고방식을 타인에게 강요하는 직장 상사나 나이 많은 사람'이기에 방송국에서 보도한 정의와 문맥이 통한다.

그런데 한 가지 의문이 생긴다. 왜 나이가 많은 사람만 꼰대의 범위에 해당하는가? 내가 느끼고 있는 범주에서 꼰대는 여러 가지의 특징이 있지만 가장 두드러진 특성은 '과거의 틀에 매여 있는 사람'이다. 즉 나이가 많고 적음을 막론하고 자신이 겪은 과거의 경험, 성공과 실패, 가치관 등을 지금 이 시대에도 적용하거나 강요한다면, 그 사람은 꼰대라고 정의해야 하는 게 아닐까? 반드시 Old man이어서가 아니라 누구나 꼰대가 될 위험이 있다고 범위를 확대하는 것이다. 나이가 20대임에도 10대 이하일 때 경험한 사실에 근거하여 지금의 상황이나 문제를 판단하거나, 책 몇 권 읽었다고 자신이 그 분야에 대해 다 아는 듯 행동하려 한다면 그 사람도 꼰대라는 잣대에서 벗어날 수 없다. 즉 나이에 상관없이 사고나 행동하는 방식에 따라 해당이 될 수 있는 수식어다. 자신만의 세계에 갇히지 않는 사고방식은 시대와 나이를 막론하고 필수적이다.

나도 힘든 직장생활을
이렇게 버티고 있다

확실한 것만 기대한다

회사에 다니다 보면 어이가 없는 일이 발생하고, 사측에서 공헌한 약속을 제대로 지키지 않으며, 올바른 보상을 받지 못하는 등 각종 사유로 불만이 쌓인다. 불만이 있다고 해서 바로 관리자나 대표에게 달려가서 매번 이야기할 수 없으니 그것이 극에 달했을 때, 용기를 내 이야기하고 개선을 요구한다. 그럴 때 우리가 주로 듣는 말을 다음과 같다.

"좀만 더 버티면, 원하는 부서로 보내줄게!", "좀 더 잘 해봐, 좋은 날이 올 거야!", "고생한다는 사실을 알고 있어, 급여 인상되도록 힘써 볼게" 나 역시 수없이 들으면서 참고 참으며 어제를 보내고 오늘을 맞이했다.

어려서부터 현재를 누리지 못하고, 미래를 위해 돈을 모았던 신념과 습관이 녹아 있는 까닭에 회사생활에서도 승진이나 연봉 인상 등을 위해서라면 오늘이 아무리 피곤해도 버티어야 한다고 굳게 믿었었다. 하지만 아쉽게도 그러한 기대는 현실로 쉽게 다가오지 않았다. 예를 들어 아무리 잘하려고 애를 쓰고 성실히 버텨도 알 수 없는 사유로 동기보다 대리 승진이 6개월이나 늦어졌다. 그리고 재직하던 은행이 합병의 위기를 겪자 집회의 장소로 수시로 불려가면서 투쟁의 구호를 외치며 희망을 기다렸지만 아무 효과가 없었다. 저성장 시대에 진입한 지 오래이며 코로나 바이러스와 같이 전에 없던 변수가 나타나면 잘 나가는 회사도 속수무책으로 위기에 빠지는 변화무쌍한 세상에서 희망적인 미래를 논하는 것이 큰 의미가 없었다.

이와 같은 경험을 하자 미래를 위해 현재를 사는 지론이 무의미하게 느껴졌다. 노력으로 결과를 다르게 할 수 있는 영역에서는 미래를 위해 살아도 괜찮으나, 타인이나 외부환경이 주도하는 영역에서는 현재를 희생하고 싶지 않다고 느꼈다. 더욱이 어떤 조건을 충족하면 미래는 달라진다고 주장하는 상사가 그러한 능력이나 권한을 실질적으로 가졌는지 따져보는 지혜가 필요하다고 느꼈다. 그가 그럴 수 없는 위치에 있다면 그의 말은 무의미한 공약과 다름없는 것이다.

사회 초년생 시절에는 부푼 꿈을 안고 입사를 했기에 찬란한 미래를 위해서라면 무엇이든 하려고 했던 시절이 지금 돌이켜보면 너무 순진했음을 회고하게 된다. 따라서 몇 년 전부터는 눈에 보이고 가능성이 있는 목표만을 바라보며 회사 생활을 하고 있다. 막연하게 기대하는 바에 지금 이 순간을 등한시하지 않고자 한다.

눈치 볼 대상은 상사만이 아니다

사회생활을 하면서 만난 상사 중 해당 회사를 그만둔 상태에서 다시 만나는 일은 극히 드물었다. 굳이 시간을 내어 다시 보고 싶을 정도로 존경할 만하거나 멘토로 곁에 두고 싶은 상사는 없었다. 또한, 그들과 소통을 하면서 그들의 이야기를 들었을 때, 공감되는 부분도 일부 있지만 대부분 그렇지 못했다. 그러한 관찰의 경험을 바탕으로, 나이가 들수록 경계해야 할 태도를 다음과 같이 요약해보았다.

- 지금까지 본 세상과 경험이 이 세상의 전부인 양 판단하는 것
- 그 판단을 함부로 남에게 가르치려고 하는 것
- 꿈과 열정의 크기가 작아지는 것
- 남에게 대접받으려고만 하는 것
- 새로운 지식에 대한 호기심이 작아지는 것
- 긍정의 말보단 부정의 말이 많아지는 것

이 밖에도 수십 가지가 더 있는데, 개인적으로 가장 경계하는 태도는 위와 같다고 생각한다. 반대로 세상에는 본받고 싶은 일부의 중년과 노년이 계시는데, 그들은 이와 같은 태도와 반대로 사시는 분들이다.

나 역시 나이를 먹으면서 어린 직원의 숫자가 증가하고 있는데, 그들 중 나를 보고 위와 같은 생각을 하는 사람들이 최대한 적었으면

좋겠다는 마음으로 회사에 다니고 있다. 상사의 눈치를 주로 보면 끝이 났던 시기는 멀어진 채, 내가 꼰대처럼 행동하고 있는지 내가 싫어하는 선배들의 모습이 나에게서 또한 나오고 있는지 주의하면서 버티고 있다.

차기 이직 시 구직 조건

모든 직장인이 마찬가지의 고민을 하겠지만 어떠한 가치관을 가지고 직장생활을 해야 하는지 계속 고민하고 있다. 어떠한 자세로 일해야 직장에서도 비교적 인정을 받으면서 되도록 즐겁게 일할 수 있을지 고민을 한다. 그리하여 우선 내가 가지고 있는 일에 대한 대표적인 가치관 세 가지를 정리해보았다.

"무엇을 하느냐보다 그것을 왜 하느냐가 훨씬 중요하다."

"뜬구름은 하늘에 있을 때 의미가 있다. 핵심을 구체적으로 짚어라!"

"열심히 하는 행동은 상위 50%가 되는 조건일 뿐, 잘해야 상위 20% 안에서 경쟁할 수 있다."

그리고 내가 가진 경험과 역량을 점검해보았다. 이력서에 나와 있는 학업, 경력, 자격증 등은 이미 객관화된 정보이므로 다소 주관적인 요소인 회사생활 습관을 살펴보면, 지겹도록 익힌 철저한 시간 준수, 숫자 감각, 꼼꼼함, 목표 달성 의지 등이 대표적인 업무 태도였다.

이와 같은 가치관과 태도를 통해 회사에서의 존재감을 나타내는 방향이 무엇인지 예상해본다.

일에 분명한 의미가 있으며 실용적이고 현실적인 업무를 추구하는 기업에서 꼼꼼하게 업무를 처리한다. 그 결과 주어진 목표를 달성하며 인정받는다.

이와 같은 업무 스타일이 나에게 최적화된 방식이라 요약되기에 직원을 격려하고 업무에 몰입을 유도하는 다양한 정책을 펴는 기업이라면 나에게 더욱 적합한 것이다. 이와 같은 조건에 맞을 가능성이 있는 기업을 찾고 다른 사람과 협동하여 그와 같은 회사를 만들어 가는 길이 평생 추구해야 할 커리어 과제이다. 연봉이나 복지 등 겉으로 드러나는 요소만으로 회사에 다니기에는 우리의 인생이 그렇게 짧지 않다. 숫자로 정형화되지 않은 가치가 나에게 맞는 기업을 난 오늘도 열심히 찾고 있다.

어떠한 아쉬움도 없이 퇴직하려는 목표

취업은 언제나 힘들다. 낯선 회사에 입사하여 과연 무슨 일을 할 예정인지, 어떻게 그 회사에 이바지할지, 회사에 잘 적응할 수 있을지, 상사나 동료는 어떤 사람인지 등 고민되는 요소가 한두 가지가 아니라서 설렘보다는 두려움이 더 크게 다가온다. 가장 힘든 부분은 연애와 마찬가지로 한쪽만 원하는 상황이다. 어떤 회사에 입사하려고 해도, 그 회사가 원하지 않는다는 통보를 받으면 실망감이 급격하게 찾아온다. 절실하게 입사를 원할수록 그에 비례해서 실망이 커진다.

그런데 퇴사의 과정은 더욱더 힘들다. 다른 곳으로 굳이 가기 위해 그만두는 결정이 후회 없는 선택인지 모르겠고, 새로운 일터에서는 무엇을 할 수 있을지 고민이 된다. 가장 힘든 부분은 퇴사하겠다고 상사와 동료에게 이야기하는 일이다. "왜 그만두느냐? 어디로 가려고 하느냐? 불만이 무엇이냐?"와 같은 연쇄적 질문을 한 명만 물어보는 것이 아니므로 사람을 만날 때마다 똑같은 말을 계속해야 해서 버겁게 느껴진다. 최근에는 퇴사 절차를 대행해주는 서비스가 생겼다고 하니 많은 이들에게도 관련된 스트레스가 적지 않은 듯하다.

내 경우에도 인생에서 가장 오랫동안 근무했던 은행에서 사직서를 제출한 때가 떠오른다. 만나거나 이야기하는 사람마다 퇴직을 이해할 수 없다는 표정을 지었기에 퇴직한다는 결심 후에도 무척이나 힘들었다. 수천 번을 고민한 후 마침내 결심한 마음인데, 부정적인 반응을 들을 때마다 마음이 흔들리고 부담감이 심해졌다. 게다가 퇴직하는 순간 드는 생각은 무엇보다 미안함과 아쉬움이었다. '무엇을 위해 이렇게 열심히 일했을까?'라는 의문과 함께 동료들과 좀 더 시간을 보냈어야 한다며 후회했다. 일하기 위해 회사라는 이름 아래 같은 공간에 모였으므로 친목을 위한 모임이 아님에도 사람이 생각나는 이유는 우리가 결국 사람을 갈망하는 사회성을 지닌 인간이기 때문일 것이다.

그리하여 다음의 퇴직에는 어떤 종류로든 아쉬움이 거의 없는 시점이라고 생각할 때 떠나려고 한다. 기술한 바와 같이 그렇지 않아도 퇴직의 무게가 제공하는 고뇌와 갈등이 한둘이 아닌 상황에서, 회사에서 아쉬운 무언가가 남아 있으면 퇴직으로 수반되는 고민은 깊어질 것이다. 일은 할 만큼 했으니 됐고, 상여금이나 휴가 등 챙길 수 있는 범위에서는 잘 챙겨서 떠나며, 일부의 직원과 평생 볼 수 있는 관계를 구축하는 등 아쉬움이 없이 홀가분하게 떠남이 나의 개인적인 퇴사의 목표이다. 어떤 일에 섭섭하거나 동료와 사이가 안 좋아서 등의 사유로 쉽게 사표를 내던지기에는 고려할 사항이 너무나도 많다. 입사도 내 맘대로 안 되지만, 퇴사 역시 충동적으로 하기에는 아쉬움이 따른다.

월급쟁이로 사는 동안의 궁극적인 목표

우리가 사는 사회에는 매우 많은 문제가 있어서 이에 불만을 느끼는 사람이 항의하고, 언론 보도로 이어지고 있지만 바로 문제가 해결되는 경우는 드물다. 특히 서민이나 소수의 사람에 의해서 제기되는 건의 사항은 높으신 분들의 귀에 들어가기조차 힘들어서 그들의 외침이 공허한 메아리가 되기도 한다.

개인적으로 이와 같은 무력감은 사회생활을 시작하면서 절실히 느꼈다. 은행에서 근무하는 동안 동기의 대단한 스펙과 함께 부러울 만한 집안 배경을 보았다. 졸업한 대학이 서울대, 연세대, 고려대는 기본이고 일명 금수저 배경의 동기들이 상당수 존재했다. 집안이 좋은 직원 대부분이 원하는 지점이나 부서에 가고, 나머지 사람이 남은 곳에 보내진다는 불편한 소문이 돌기도 했다.

예를 들어 국회의원을 아버지로 둔 한 동기가 지점 생활이 너무 힘들다고 불평을 아버지에게 했다고 한다. 어찌 된 일인지 그 동기는 며칠 후 본점 부서로 배치받았다. 이와 같은 사례를 여러 차례 듣다 보니 남들보다 매우 똑똑해서 어떤 대가를 치르더라도 필요한 인재가 아닌 이상 소시민은 그저 소시민으로 살면서 주어진 일이나 똑바로 해야 함을 절실히 깨달았다.

이에 대하여 스트레스를 더 받고 싶지 않아서 내가 회사의 정책과 문화를 설정하고 주도할 시기가 올 때까지 참고 기다리자는 결심을 했다. 임원이나 대표가 아닌 힘이 없는 일반 직장인으로서 근무하는 한 회사를 변화시키는 것은 거의 불가능하기에 그전까지는 해당 기업 문화에 나를 적응시키자고 판단했다. 언제인지는 모르지만, 권한과 영향력이 있는 임원의 지위로 회사에 입사하여 그 회사를 직원과 함께 변화시켜서 발전시키는 모습을 기대한다. 불편하거나 개선이 필요하다고 느낀 사항을 정리하여 그것들을 실현하는 모습을 꿈꾼다. CEO가 되고 싶은 마음은 별로 없기에 월급쟁이로서 추구할 수 있는 최고의 직위와 그때 진행할 사항을 소망하며 오늘의 하루를 버티고 있다.

임원으로 회사에 입사한다면 하고 싶은 일 중 하나는 '인사 채용 방식의 혁신적인 변화'이다. 일반적으로 인사부, 임원, 팀장 등이 주도하면서 각 기업은 유능한 인재를 찾기 위해 갖은 노력을 다한다. 각 직무에 적합한 사람을 찾아 서류심사와 면접을 진행하는데, 대부분의 면접은 면접 대상자보다 높은 직위에 있는 사람에 의해 실행된다. 그런데 반대의 상황은 왜 볼 수 없는지 궁금하다.

실무급 직원들은 고객과 직접 소통하고 각종 일 처리를 담당하기에 해당 회사에서 부족한 부분이 무엇인지 더욱 잘 안다. 그리하여 그것을 해결하기 위해서 어떠한 리더를 필요로 하는지 정확하게 알 가능성이 크기에 유능한 상사를 직원들이 직접 뽑으면 더 좋겠다는 논리이다. 언제까지 아래 사람을 뽑는 채용 형태에만 머물 것인가?

같이 일하고 싶은 임원과 대표를 직원들의 눈으로 고를 수 있는 회사에서 일해보고 싶다.

물론 그렇게 되면 나도 사원과 대리급 직원에게 평가받을 수 있지만, 그러한 채용을 적극적으로 해보기를 소망해본다. 취업 과정에서 상사가 나를 필요한지 생각함이 일반적이지만, 같이 일할 동료와 후배 직원도 나 같은 상사를 필요로 하는지 확인한 후 입사해보고 싶다. 실질적으로 일을 같이할 직원과의 궁합이 입사 후 근무시간의 대부분을 차지하기 때문이다.

입사 면접에서 면접관이 흔히 하는 질문 중 하나가 "당신이 이 회사의 사장이라면 무엇을 어떻게 하고 싶습니까?"이다. 다른 사람은 어떠한 대답을 할지 모르겠지만, 나의 답변은 위와 같이 정해져 있는 것이다.

chapter
___
4

현실의 꾸역꾸역을 넘어

희망찬 미래로

세상은 버티는
인생을 빛내는
요소가 가득하다

왜 꾸역꾸역을 강조하는가?

좋아하는 단어

영어를 매우 잘하지 않지만 배우기를 즐기면서 좋아한다. 영어에서 가장 좋아하는 단어 중 하나는 nevertheless이다. 그 단어가 우리의 삶 전반을 지배한다고 생각하기 때문이다. 아무리 실패하거나 욕을 먹더라도 긍정적인 결말을 보여주면 인정받는다. 아무리 비싸도 그만큼의 값어치를 하면 그 돈이 전혀 아깝지 않다. 아무리 힘들고 외로워서 망할 듯하나 대부분 사람은 꿋꿋이 버티며 살아간다. 코로나바이러스가 무섭다고 해도 언젠가는 이겨낼 수 있다고 믿는 사람이 대부분인 것과 마찬가지로 지금의 상황과 관계없이 세상은 절망의 늪에 계속 머무르지 않는다.

세상을 지배하는 힘이 사랑이라면 그것을 끌어내기 위한 접속사는 nevertheless라고 말하고 싶다. 이 단어를 붙잡으며 이 세상의 역경과 고민을 타파하고자 의지를 굳세게 하는 한 소망은 우리 곁에 있기 때문이다. 세상이 아무리 망할 것처럼 보이며 "이게 나라냐!"며 소리치고 싶어도 대한민국은 굳건하게 나라의 명맥을 이어나가고 있다. 우리가 많은 죄를 짓고 살아가고 극악무도한 범죄자도 많이 있지만, 가족과 같은 사랑하는 사람을 만나거나 사람 냄새 나는 이야기가 들릴 때마다 세상은 그래도 살 만하다고 고백하게 한다.

성실성의 무게

매일매일 같은 시간에 일어나 출근, 일주일에 최소 5회 체력단련, 오늘 해야 할 일을 하나하나 점검하며 되도록 100% 처리, 토요일마다 청소, 일요일에는 교회 예배 등으로 일주일은 반복되고 있다. 하는 일이 거창하거나 다른 사람보다 특별한 면이 있지는 않다. 그래도 주위로부터 '성실하다'는 칭찬을 끊임없이 평생 들어왔음을 생각해보면, 내가 해야 할 일을 꾸준히 하는 습관이 쉬운 일은 아님을 의미한다.

한 번쯤은 건너뛸 수 있고, 다른 핑계를 댈 수 있으며, 지겨워서 포기할 수도 있다. 특히나 어떤 이득이나 불이익이 있지도 아니한 영역에서조차 무언가를 끊임없이 정기적으로 하는 습관은 저절로 이루어지지 않는다. 즉 하기로 했으면 그 마음먹은 대로 기필코 척척 해내고야 마는 습성은 아무에게나 수식할 수 있는 형용사가 아니다. 개인적으로는 성실하다는 단어를 그렇게 선호하지 않음에도 "성실해요"라는 말에 무거운 책임감이 담겨 있음은 부인할 수 없다.

규칙적으로 무언가를 계속하다가 한 번쯤 중단할 때도 있다. 한 번 어긋났거나 결석한다고 해서 큰일이 아니겠다는 생각에 한두 번 빠지게 된 팀 모임, 한 번 어색해져버린 인간관계, 한 번 안 하기 시작한 운동 등을 우리는 심심치 않게 경험한다. 그런데 신기하게도 그 한 번은 두세 번으로 이어지거나 사람과의 관계가 멀어지기 시작하는 계기가 되기도 한다. 마치 한 번 잘못 방향 잡힌 화살이 계속 그 방향으로 날아가는 것처럼 한 번의 영향력은 의외로 강하다.

참여하다가 안 하게 된 모임이나 한 사건에 의해 어색하게 된 인간관계 등을 회복하려면 절실한 노력과 엄청난 인내가 필요하다. 그렇기에 꾸준함의 중요성은 더욱 가치가 있다. TV 프로그램 〈생활의 달인〉에서 나오는 분들처럼 자신의 분야에서 남이 알아주지 않더라도 오랫동안 그 일을 성실히 하는 모습은 손이 닳도록 박수를 보내도 모자란다.

세상에서 가장 두려운 사람

세상에서 가장 힘든 일은 긴급한 과제를 위해 쉬지 않고 밤을 새우면서 열심히 함에 있지 않다. 작은 일도 꾸준히 몇십 년간 하는 것은 요즘같이 빨리 변화하고 참을성을 견디지 못하는 사회에서 더욱 귀중하다. 이직이 흔해서 한 회사에서 3년 이상 근무하는 직장인이 그다지 많지 않은 현시대의 상황이 그 가치를 더욱 돋보이게 한다. 게다가 그것이 정해진 시간과 양을 절대적으로 해야 하고 위험 요소가 있기에 고도의 집중력을 요구하는 일이라면 난도는 더 높아진다.

중소기업 현장에 가보면 묵묵히 쉬는 날도 없이 몇십 년간 꾸준히 같은 일을 하는 분들이 눈에 띈다. 그 업무에서는 달인이라 생각될 정도로 장인의 정신이 느껴지기에 얼마나 많은 내공을 가졌을지 더욱 궁금해지며 존경심이 저절로 생긴다. 반면에 스스로 잘났다고 나대는 사람은 그들의 장단점이 확연히 드러나게 된다. 강점이 외부로 잘 드러나는 만큼 주위의 시선을 끌 수 있겠지만 그만큼 약점 역시 빨리 노출되는 것이다.

따라서 성실성은 창의성보다 훨씬 달성하기 어려운 영역일 수 있다. 그냥 부지런해 보인다고 해서 쓰는 말이 아니며, 성실성과 뜻을 같이하는 'integrity'라는 단어보다 가치 있는 명사가 세상에 존재하는지 의문이다. 그래서 누군가가 최선을 다하고 있다거나 열심히 하고 있다고 한다면, 이와 같은 질문이 생긴다.

"그것이 정말 최선입니까?"

내 인생에서 꾸역꾸역의 의미

인생을 살면서 누구나 아픔이 있어서 지워버리고 싶은 시절이 있다. 나에게는 그 시절이 단 며칠이 아니고 몇 개월도 아니다. 태어나

서부터 고등학교를 졸업하기 전까지 모든 기억을 지워버리고 싶다. 부모님의 싸움 소리로 지긋지긋했고 가난을 증오하게 한 유년 시절, 초등학교 6학년 때 전학을 가서 다른 분위기와 낯선 급우에 적응하지 못하고 괴로운 학교생활을 보낸 초등학교 6학년과 중학교 1학년 시절, 원하지 않았던 고등학교로 억지로 진학해서 우울증과 스트레스로 보냈던 고등학교 시절 등 대학교 입학 전까지는 긍정적인 기억이 가물가물하다.

그럼에도 그 시기가 안겨주는 기쁨과 유익이 있다고 강하게 믿는다. 군대와 출산 등 누구나 겪는 고통으로 일관된 시기를 빼놓고 보면, 인생은 다양한 모습을 지닌 무지개를 통과하는 과정과 같아서 그때 맛볼 수 있는 풍경과 교훈이 있음을 깨닫고 또 깨닫기 때문이다.

대학교 2학년 때 가입하게 된 대학 연합 광고 동아리를 통해 열정적이고 적극적인 사람이 모이면 어느 결과가 나오는지 두 눈으로 똑똑히 보았다. 자극을 너무 많이 받아서 내 부족함이 무엇인지 느낄 수 있었던 시간이었다. 내가 가진 열정을 쏟아낼 기회인 듯하여 가입한 곳인데, 자극을 오히려 많이 받으면서 에너지를 얻었다. 앞으로의 여생에서 이렇게 열정적이고 똑 부러지는 사람들을 한 장소에서 100여 명 넘게 만날 수 있을지 의문이 든다. '광고를 통한 인간관계의 증진'이라는 동아리 모토와 같이 광고를 주제로 공부하고 관련 활동에 참여함을 넘어 사람에 대해 많이 배웠다. 그렇기에 나는 동아리 슬로건을 이렇게 만들어 제안했었다. '광고 속으로 한 걸음, 사람 속으로 두 걸음'

대학교 4학년 때 가게 된 샌디에이고 주립대학교로의 교환학생의 시기 역시 인생을 대표하는 순간 중 하나이다. 군 제대 전에 얻은 토플 점수는 솔직히 뚜렷한 목표 의식이 없이 준비하고 시험을 치른 결과물이었다. 제대 후 사용할 곳을 우연히 교환학생 기회에서 찾았다. 군 복무를 카투사로 하면서 미국 문화에 대해 익숙해진 덕분에 미국에 가서 적응함에 어려움이 없었고, 그 대학에서 잠깐 했던 동아리와 각종 활동이 아직도 생생하다. 현지 미국 대학생과의 멘토 프로그램, 각국 교환학생과의 모임과 파티, 경영학을 위주로 나름 빡빡하게 수강했던 학교 수업, 현지 동아리에 가입하여 활동, 한국 문화를 소개하는 봉사활동, 수시로 미국 구석구석 여행 등을 어떻게 5개월 만에 다 했는지 의문이 들 정도로 다채롭게 보냈다. 그런데 신기한 사실은 이처럼 다양한 활동으로 바쁘게 지내면서도 4학년 1학기인데 이렇게 보내도 되나 싶을 정도로 여유로웠던 하루하루였다는 점이다. 같이 간 한국 학생과는 약간 거리를 두고, 최대한 현지의 문화와 사람을 이해하며 적응한 세월이었다. 심지어 돈을 아끼기 위해 휴대폰과 자동차가 없이 살았는데, 그렇게 살아도 매우 재미있게 보낼 수 있음을 배운 시절은 남은 인생에서 다시는 없을지도 모른다. 그리고 언어가 완벽하게 통하지 않아도, 많은 인종이 어울려 살아도, 나이가 달라도 내 인생 최고의 순간을 만들어낼 수 있음을 배웠다. 조건이 중요한 것이 아니었다.

K은행에 재직할 때는 회사에 대한 자부심을 배웠다. 회사가 매각된다는 뉴스가 수시로 나와도, 직원이 똘똘 뭉쳐서 내실이 튼튼한 회

사를 만들고 유지했다. 매우 이성적이고 감정이 메마른 나도 느낄 정도로 선배로부터 내려오는 회사를 향한 뜨거운 사랑이 있었다. 이명박 정부 시절 K은행이 다른 은행에 인수된다는 소식이 들리자마자 1년 넘게 진행한 투쟁의 구호는 평생 못 잊는다. 이 회사는 한마디로 지금의 나를 있게 한 고마운 존재이다. 은행원으로 일한 덕분에 경제적인 부족함 없이 하고 싶고, 먹고 싶고, 보고 싶은 것을 계획적으로 실천해나갈 수 있었다. 그리고 은행원에게 흔히 요구하는 자질은 쉽게 말하면 거의 완벽한 인간(매우 꼼꼼해야 하나 그러면서도 신속하게 처리, 진상 고객에게도 웃을 수 있는 친절과 인내심, 많은 여자 직원과 잘 지낼 수 있는 친밀성, 영업 잘하는 능력, 나만의 지식과 경험을 가져야 하는 전문성 등)이기에 자연스럽게 사회생활의 기본기를 아주 철저하게 배울 수 있었다. 은행에 입행하지 않았다면, 지금의 나는 없었을 것이다.

수십 가지의 이유로 은행을 그만두고 30대 중반의 나이에 대담한 결심을 하여 진학한 MBA 과정이 30대 경력 개발의 핵심이다. 유명 대기업에서 파견해 준 동기 누나와 형을 바라보면서 왜 그들이 회사로부터 급여와 학비를 모두 지원받는지 이해하게 되고, 남은 인생에 힘이 될 사람을 만난 점이 가장 큰 소득이었다. 고등학교를 이렇게 보냈으면 서울대에 입학했겠다는 생각이 들 정도로 학업에 미친 듯이 매달리면서도 각종 세미나, 동아리 활동, 여행, 맛집 탐방, 골프, 미국 USC 대학에서의 수업과 현지 여행 등으로 대학 시절 교환학생에 이어 최고의 한 해를 보냈다. 아침부터 밤늦게까지 여러 사람과 학업을 하고 다양한 활동을 하면서 동고동락하는 기회는 다시 오기 힘들 것이다.

결혼을 늦은 나이에 하면서 알게 된 사실은 아무리 혼자 사는 삶이 좋고 즐거워도 마음이 통하기에 평생을 함께하고 싶은 사람과 함께하는 생활과는 비교할 수 없다는 점이다. 마치 아무리 멋진 풍경이 있는 관광지에 가도, 아무리 맛있는 음식이 눈앞에 있어도 혼자만 그것을 누리기에는 무언가 아쉽고 허전한 것과 같다. 혼자 살아도 부족함이 없다고 믿었던 나에게 결혼 후의 삶은 이러한 후회를 하게 한다. '결혼을 좀 더 일찍 했었어야 해.'

인생을 살면서 그 시기가 안겨주는 요소를 경험하고 새로운 것을 접하게 되면 세상이 가깝게 느껴지면서 친밀감이 증폭된다. 그래서 처한 환경마다 누릴 수 있는 경험과 느낌이 행복이라는 단어로 찾아온다. 지금 주어진 현재를 충분히 누리면서 미래에는 어떠한 기쁨을 맛볼 수 있을지 기대되는 삶은 선물이다. 그리하여 과거의 경험 중 어느 것도 헛된 경험은 없다고 강하게 믿는다. 지금 하는 일에 자부심을 느끼고 당당히 서 있을 수 있는 자신감이 있는 이유는 과거에 씨앗이 뿌려져 열매를 맺은 덕분이다. 인생에 헛된 노력과 시간은 분명 없었다. 다음 과정을 위한 각기 다른 자양분이었다. 사람마다 겪은 고난의 종류와 크기는 달라도 동일한 것은 그것을 통해 배운다는 점이다.

버티는 인생을 빛내는 요소 하나 ✦

도전 정신

아무리 사소한 제품도 진화한다

과잣값이 인상되었다는 기사를 볼 때마다 우리는 왜 값만 오르고 난리냐고 기분 상해한다. 그런데 사실 가격만 바뀌지 않는다. 새우깡을 제조하는 기업인 농심은 항상 연구한다. '소비자의 기호가 어떻게 바뀌었는가? 이에 새우깡이 질리지 않고 판매량을 유지하거나 높이기 위해서는 어떻게 맛의 변화를 주어야 하는가?' 등을 고민하면서 연구소에서 끊임없이 변화를 시도하고 시식한다. 그 결과 농심은 튀기는 방법, 양념의 배합, 양의 변화, 새우의 함량과 원산지 등을 수시로 달리하며 새우깡을 선보이고 있는데, 그 변화를 사람이 잘 인지하지 못할 뿐 10년 전의 새우깡과 지금의 새우깡은 매우 다르다.

단지 한 번에 추구하는 그 변화의 크기가 인지하지 못할 정도의 변화이며, 가격이나 중량에 관심이 많으나 성분이나 제조방식에는 관심이 없는 관계로 우리가 잘 인지하지 못할 뿐이다. 사람은 똑같은 것을 싫어하면서도 갑작스러운 변화에는 거부반응을 보이기에 소비자가 수긍할 만한 변화의 간극을 유지하면서 새우깡은 변화해왔다. 만일 10년 전의 새우깡이 그때도 인기가 많은 국민 브랜드 과자였다고 거만한 채 그대로 유지했다면, 새우깡이 지금까지 명맥을 이어올 수 있었을지 의문이다. 새우깡뿐만 아니라 초코파이, 다시다, 소나타처럼 국민 대부분이 아는 장수 브랜드는 변화를 당연하게 받아들이고, 수많은 혁신을 거듭한 끝에 지금의 위치에 온 것이다.

용기의 정의

무언가에 도전한다고 주위에 말할 때마다 그들은 매우 놀란다. 확실한 계획이나 대처 방안이 준비되어 있지 않아도 그저 하고 싶은 일이기 때문에 실행한다고 그들에게 말하면, 그들 눈에는 놀라운 일로 비친다. 더욱이 나이가 이삼십대가 아님에도 큰 결심이 수반되는 도전을 한다고 선포하는 경우에 그들은 더욱 놀란다. 나이가 많아질수록 서서히 안정적인 삶을 추구하는 사람의 일반적인 성향과 반대되기에 그렇게 반응하기도 한다. 동시에 그들은 묻는다.

"어디에서 그러한 용기가 나와?"

두려움이 없는 도전이 존재하겠는가? 만일 존재한다면 그것은 도전이 아니다. 불확실성이 존재해도 주변에서 의아해해도 나를 움직이는 원동력은 오직 용기이다. 두렵지 않은 것이 아니라 두려움에도 나아가는 것이다.

무언가를 할 수 없다고 생각하면, 시간이 지남에 따라 할 수 없는 수십 가지의 이유가 쏟아져 나온다. 그런데 반대로 할 수 있다고 믿으면, 어느새 할 수 있는 수십 가지의 이유와 방법이 역시나 쏟아져 나온다. 평소의 태도가 긍정주의와 염세주의 중 어느 방향에 더 가까운지에 따라 무슨 일을 도전할 때, 먼저 드는 생각의 긍정 또는 부정 방향이 결정된다.

내가 가고자 하는 길이 평범한 길은 아니고 일부러 사서 고생한다는 측면이 있어서 가시밭길임을 명확하게 알지만, 긍정적인 면을 더 자주 생각하면서 매사를 진행하고자 한다. 현재의 삶에 안주하려는 유혹, 굳이 힘들게 살고 싶지 않은 게으름, 무언가 새로운 도전을 할 때마다 찾아오는 두려움 등이 나를 방해할지라도 나아간다.

오늘의 불완전성을 즐긴다

나는 타고난 기질상 불안감을 많이 느끼지는 않는다. 그것이 무언가를 하려고 할 때 걸림돌이 되지 않아 다행이다. 그러나 인생을 살다 보면 누구나 두려움과 공포에 가득 찬 상황에 직면하는데 나도 예외는 아니었다.

실제로 대학교 신입생이 되기 전의 두려움, 힘들다고 소문난 은행원이 되기 전의 두려움, 총소리가 들릴 듯한 미국을 홀로 여행하기 전의 두려움, 자취를 처음으로 해보기 전의 두려움, 첫차를 산 후 시동을 걸 때의 두려움, 지인 모두가 말리던 은행으로부터 퇴사하는 두려움 등이 인생의 주된 두려움이었다.

그러나 내 삶의 주요 여정 중 막상 해보니 두려웠던 적은 거의 없었다. "어라 별거 없네, 내가 왜 이러한 것을 두려워했을까?"라는 말을 중얼거리며 그 현실에 적응하고 가끔은 즐기게 된다. 이와 같은 일련의 과정은 인간이라면 누구나 겪게 되는 성장을 위한 단계였다.

크고 작은 일을 시도할 때 찾아오는 마음은 크게 세 가지이다. 다양한 변화를 통해 좀 더 성장하는 나를 만들 수 있다는 기대감, 어느 자리에서든 그곳에서 충성하겠다는 순종의 마음, 새로운 인연이 시작될 기회라는 설렘이 세 가지로 이 모든 마음이 오늘도 내일도 내 심장을 뛰게 한다.

내 앞에 드리운 그림자를 보지 않는다

내가 가진 역량과 잘할 수 있는 분야를 생각하면 울컥하고 감정이 솟아오른다. 잘하는 영역이 무엇인지 명확하게 자신 있게 드러낼 수 있으면 좋겠는데, 그렇지 않다는 생각이 자꾸 스쳐 지나가며 나 자신이 초라하게 느껴진다. 그래서 누군가로부터 일 처리를 잘한다 등의 어떤 종류든 칭찬을 받으면, 어찌나 숨고 싶어 미치겠는지 모른다. 인간이라면 누구나 가지고 있는 결점과 부족함을 스스로 너무 잘 알고 있기에 나 자신에게 드리운 그림자를 생각하면 손 하나 까딱하기도 두려워지며 도전하고 싶은 생각이 사라질 때가 많다.

그럴 때마다 되도록 내 그림자를 보며 고개 숙이지 말고 하늘을 바라보며 자신 있게 나가자고 스스로 다독인다. 나의 강점과 자질이 비록 유한할지라도 그것들을 경험을 통해 알아내고 개발하면서 무한한 하늘의 공간을 바라보며 도전하고 있다. 그림자만을 바라봐서는 답이 나오지 않고, 태양이 비추는 하늘 아래에 서 있어야 나아갈 수 있는 원동력이 생긴다. 자신감이란 말은 능력이 완벽해서 생기는 것이 아니라 부족해도 나가는 용기를 바탕으로 이루어지는 말이다.

자신의 모습을 쳐다보기 위해 땅을 바라보면, 그림자 때문에 내 모습은 상대적으로 어둡게 보인다. 위로 머리를 올릴수록 그림자는 점점 멀어지며 햇볕에 쬐어 밝게 비추어진다. 마찬가지로 지금의 현실을 바라보면 희망이라는 단어는 어두운 곳에 가려져 찾기 어렵다. 예를 들어 코로나가 우리의 삶에 평생 함께하여 인간의 활동이 제한될 것처럼 느껴진다. 조금 앞을 바라보아야 가능성을 믿고 살아가는 긍정의 힘이 생긴다. 이것이 내가 그토록 미래지향적이고자 하는 이유이다.

내 직업이 좋은 이유

나의 한계는 어디인가? 가끔 궁금하다. 그래서 평소 먹어보지 않은 음식을 먹고, 평소 가보지 않은 장소도 여기저기 다녀보고, 평소 관심 없던 분야의 책을 읽으면서 몰랐던 나를 발견한다.

사람이란 직접 부딪혀보지 않으면 생각했던 바와 실전에서의 느낌은 완전히 다르다는 사실을 모르며, 자기 자신에 대해서도 더 알게 될 기회를 놓칠 소지가 있다. 다시 말하면 새로움을 경험하는 삶이 나를 즐겁게 만든다. 평소와는 다른 경험을 하면서 오늘은 또 어떤 깨달음을 얻을 수 있을지 기대가 된다. 이 때문에 다른 회사를 만나 그들의 고민을 들어주고 해결 방안을 제시해주는 나의 직업인 컨설팅 일이 즐겁다. 누군가를 만나 그들의 아픔을 듣고 소통함에서 내가 살아있다는 느낌을 강하게 받는다.

평소에 몰랐던 나를 발견하고 평소에 생각지 못한 나를 깨닫는 것보다 유익한 것이 있을까? 미지의 세상은 두려운 존재이기도 하다. 그런데도 그것은 언제나 도전할 가치가 더 있다.

다양한 일을 할 수 있는 원동력

많은 지인이 자주 묻는 말 중 하나는 이것이다.

"아침부터 밤까지 다양한 일을 하면서 쉴 틈 없이 하루를 매일 보내는데, 어떻게 모든 일을 감당하고 지치지도 않는지 궁금하다."

나도 인간이고 여러 가지를 신경 써야 함에 머리가 아파서 당연히 지친다. 가끔은 너무 힘들고 이렇게 열심히 살아야 하는지 의문이

들면서 하고 있거나 계획하는 일을 모두 집어치우고, 아무 생각 없이 살고 싶은 마음이 가슴 깊숙이부터 솟아오른다. 그런데 신기하게도 이러한 마음을 추스르고 새로운 일에 대해 집중하면서 조금씩 하다 보면 어디선가 그러한 일을 하는 힘이 생긴다. 자신을 의지하여 내 힘으로 하겠다는 생각에서 나오지 않고, 큰 욕심 없이 그 일에 조금씩 집중하다 보면 자연스럽게 힘이 생성된다. 중간중간 지친다고 생각할 때마다 끊임없는 부정적 생각과 자포자기의 위협이 나를 감싸지만, 다른 일을 조금씩 하면서 하루하루의 삶을 이어나가고 있다.

나에게는 하루를 살아갈 때 거창한 계획을 세우지 않아도 어떠한 일을 해야 하는지 머릿속에 스쳐 지나며 차례대로 하는 습관이 있다. 내가 계획을 좋아하는 이유는 분명하다. 해야 하거나 하고 싶은 목표를 설정한 후 필요한 단계를 섭렵하고 일정대로 일을 진척함에서 매력을 느낀다. 미래지향적인 타입을 의미하지만 그렇다고 해서 허황한 미래를 꿈꾸지 않는다. 계획만 무성하거나 허무맹랑한 목표를 누가 제시할 때 어이없는 눈빛으로 그들을 바라본다. 어느 정도 현실감이 있는 눈높이에서 미래를 본 다음 거기에 맞게 계획을 세워서 현실에 충실하기를 원하는 마음이 크다.

따라서 순간적 집중력이 중요하다고 강조한다. 미래를 내다본 후 계획을 세워서 해야 할 목록이 생기면 해당하는 일을 해야 하는 시기에는 오직 그것만, 다른 사항에 신경 쓰지 않고 그것에만 충실히 하고자 한다. 그것을 일정에 맞추어 집중력의 초점을 달리할 때, 여러 가지 일을 단계적으로 할 수 있다. 하던 일로 인해 다소 힘들고 피곤해졌을 때, 여유를 즐기는 시간을 잠시 가진다. 그 새로운 활력을 바탕으로 다음의 것에 집중하면서 인생의 매 순간을 몰입함으로 즐기고 있다. 그 결과 인생이 지겹거나 시간이 안 간다고 생각해 본 적이 별로 없다. 이것이 내가 새해의 계획을 대부분 달성하는 비결이다.

버티는 인생을 빛내는 요소 둘 ✦
뜻밖의 선물, 행운

내 뜻이 아니어서 오히려 감사합니다

대한민국 남자라면 가야 하는 군 복무를 위해 원래 검토를 하던 군대는 공군이었다. 공군에 지원하려고 지원 시기를 기다리는 와중에 우연히 동아리 선배가 미군 군복을 입고 휴가를 온 덕분에 처음으로 카투사에 대해 알게 되었다. 마침 지원할 수 있는 시기가 곧 다가옴을 발견하고는 아무런 시험 준비도 없이 바로 토익 시험을 접수하고 응시했다. 그 결과로 610점을 받아 지원 자격의 최저 점수였던 600점을 가까스로 넘어 신청했다. 또 운 좋게 3.5대 1의 경쟁률을 뚫고 추첨으로 선발되었다. 만일 휴가 나온 동아리 형을 그때 당시 만나지 못했다면 내 삶은 지금과는 많이 달라져서 2019년부터 준비하고 있는 일생일대의 도전은 생각하지도 않았을 것이다.

은행에 재직할 당시, 대학원에 다니고 있는 지인에게서 대학원에 다닐 생각이 없느냐는 권면을 받고는 했는데, 항상 단호하게 거절했다. 공부를 더 해야 하는 이유가 없으며 대학원에 간다고 해서 직장 생활이 달라지지 않는다고 판단했기 때문이다. 그런데 얼마 되지 않아 은행에서 퇴직 후 경영대학원에 진학하는 반전이 발생했다. 대학원에 입학 당시 원대한 꿈이 하나 있었다. MBA를 할 때 은행에서 했던 재무 관련 업무는 다소 지겨웠으며 H 카드에 지원 후 탈락한 한을 풀고자 졸업 후 카드회사에 입사해서 마케팅 업무를 담당하기를 원했다. 그런데 졸업할 즈음 한국의 주요 신용카드 회사가 개인정보를 유출해서 사회적 문제로 크게 주목받으면서 카드 회사의 채용 시장이 거의 닫혀버렸다. 어쩔 수 없이 다른 직무와 회사를 부랴부랴 찾다가 경영 관련 연구보고서를 작성하는 업무를 알게 되어 비정규직으로 시작했고, 몇 년 전에 중소기업을 대상으로 재무 컨설팅을 하는 현재의 회사로 오게 되었다. 평소의 신념과 반대인 MBA에 진학함에서부터 연구보고서 작성을 위한 아르바이트 업무 기회까지의 과정 중에서 단 한 가지라도 택하지 않았다면, 지금 하는 중소기업 대상 컨설팅을 업으로 삼지 못했을 것이다.

인생은 내가 원하고 가려고 작정했던 길이 아닌 다른 길이 지금의 나를 인도했다. 가고 싶었던 방향과 방식이 아닌 나에게 주어진 최적의 길이 있다고 지금까지의 삶이 말해준다.

우연히 이루어진 버킷리스트 중 하나

소심하다거나 내성적이라는 말은 초중고 생활기록부에 항상 적혀 있는 말이었다. 하도 많이 듣다 보니 신물이 날 정도여서 변화를 시도했다. 그런데도 그와 같은 성격은 좀처럼 변하지 않았다. 심지어 대학교 때 되도록 많은 경험을 하고자 했기에 여러 모임에도 많이 참여했었는데, 누가 딱 봐도 외향적인 사람에 비하면 나는 여전히 눈에 잘 띄지 않는 사람으로 남아 있었다.

그런데 어느 날 마케팅 강연을 듣고 뒤풀이를 하는 모임이 있었다. 그 강연은 서류 심사에서 뽑힌 대학생만이 참석할 기회가 주어졌는데, 그 심사에서 나는 탈락했다. 그러나 선정된 인원 중 참석하지 않는 대학생이 반드시 있으리라 생각하고 그 자리를 메꾸겠다며 홀로 당당하게 행사장에 갔다. 비행기가 만석으로 차서 항공권이 예약이 안 되었는데, 노 쇼(No-show)를 예상하며 짐을 싸고 공항으로 간 것과 같았다. 예상대로 빈자리가 있었고 그때 강연 역시 유익했고 선물을 적지 않게 받아서 기분이 아주 좋아서 그랬는지 뒤풀이에서 적극적으로 분위기를 띄우고 말을 많이 하는 역할을 담당했다. 일부러 의도적으로 한 행동이 아니라 그날에는 그렇게 하고 싶어서 한 자연스러운 행동이었는데, 어느 참석자가 이러한 말을 해주었다.

"처음 만나는 자리인데, 정말 적극적으로 참여해주시네요. 성격이 매우 외향적이시군요."

그때의 상황이 아직도 기억이 나는 이유는 정확하게 딱 한 번 내 인생에서 외향적이라는 말을 처음 들어봤기 때문이다. 외향적이라는 말을 평생 한 번은 들어보겠느냐 싶을 정도로 꼭 이루고 싶은 버킷리스트 중 하나였다. 남에게는 당연하거나 별 감흥이 없는 말이 나에게는 큰 의미였다. 그 말을 들은 날에는 잠을 자려고 하는데 멍해지면서 잠을 설친 모습이 아직도 눈에 선하다.

가끔은 생소한 말을 들으면서 살고 싶다. 그것이 현재의 내가 과거의 나를 넘었다는 증거이다. 평생 발전하면서 살기 원해서 만든 인생 좌우명 중 하나인 '어제의 나는 내가 아니다'가 현실이 되는 순간을 자주 경험하고 싶다. 나 자신의 한계를 돌파한 느낌만큼 짜릿한 경험은 없다.

인생은 수동태다

인생은 무엇인지 물어보면 사람마다 다른 대답이 나오고 쉽게 정의하기 어렵듯이, 쉽게 단언할 수 없는 복잡하고 정답이 없는 개념이다. 내가 내린 잠정적 결론에 의하면 '인생은 수동태'이다. 대부분의 사람에게 인생은 뜻대로 되는 것보다 의지와는 상관없이 흘러가는 경우가 더 많기 때문이다. 평탄치 않은 인생 속에서 어느 결과가 나와도 그것이 제공하는 결과에 실망하거나 주저하지 않고, 그 상황에서 할 수 있는 부분에 대해 면밀히 살펴보고 또 도전함이 현실적으로 우리가 할 수 있는 일이다.

내가 하는 모든 일의 결과는 그저 하늘에 맡길 뿐, 그 결과는 내 영역이 아니라고 되뇌고 있다. 그저 모든 결과물을 받아들이는 수동태의 삶을 사는 것이다. 인생을 살아가는 것이 아닌 살아지는 경험을 나는 매일 하고 있다. 수동태의 삶을 살다 보니 나에게 주어지는 하루하루 그리고 노력에 따른 소소한 결과물이 하찮게 여겨지지 않는다. 힘을 빼는 인생을 살면 행운은 더 자주 찾아오는 듯 느껴진다.

버티는 인생을 빛내는 요소 셋 ✦
직면하는 모든 것에서 배우는 즐거움

야구를 좋아하는 이유

우리나라에서 가장 인기가 많은 스포츠는 야구와 축구다. 나 역시 두 스포츠를 모두 좋아하기에 어느 스포츠를 더 선호한다고 말하기가 어렵다. 그래서 둘 다 챙겨보는 편인데, 보고 있으면 야구와 축구는 본질적으로 다른 양상의 경쟁을 하는 스포츠라는 사실이 발견된다. 야구는 능력 중심의 승부에 가깝고, 축구는 시간 중심의 승부에 가깝다. 예를 들어 야구의 본고장인 미국에서는 정규 시즌이라 해도 매 경기의 승부가 결정 날 때까지 경기를 계속한다. 그 까닭에 자정을 넘기는 경기가 심심찮게 발생한다. 반면 축구의 경우 정규 시즌 경기는 무승부로 끝낼 수 있고, 플레이오프 등에서 승부를 반드시 봐야 하면 마지막으로 페널티킥을 통해 승부를 결정짓는다. 이 때문에 축구에서는 정규 시간을 버티면 되므로 이기고 있는 팀이 시간 끌기 작전으로 침대 축구를 하거나 경기를 고의로 지연시켜서 관중들의 눈살을 종종 찌푸리게 하기도 한다. 이러한 차이 때문에 축구보다 야구를 조금 더 좋아하는 편이다. 야구는 매 이닝당 세 번의 아웃을 당해야 그 이닝이 종료되므로 8회 또는 9회에 역전 같은 극적인 경기가 자주 펼쳐진다. 그래서 경기가 끝나기 전까지 마무리 투수가 혹시나 불을 지르지 않을까 불안한 마음으로 관전함이 야구에서 느끼는 가장 큰 즐거움이다.

내 인생도 야구처럼 살고 싶다. 마음만 먹으면 순식간에 뒤집어 버릴 수 있는 능력을 원하기 때문이다. 누군가의 지시로 무언가를 특정 시기에 해야 한다고 규정 받지 않고, 나에게 적절한 승부처라 판단되면 모든 능력을 쏟아부어 이뤄 내는 삶이 내가 살고 싶은 인생이다. 남이 한다고 해서 덩달아 하지 않고, 스스로 판단한 최적의 시간에 원하는 바를 달성하고 싶다. 그것을 위해 나에게 필요한 길이 무엇인지, 진정으로 원하는 것이 무엇인지, 나의 재능과 한계는 무엇인지 등을 계속 발견하면서 최적의 기회를 이 순간에도 찾고 있다.

야구를 통해 인생을 배운다

국내 프로야구보다는 메이저리그를 좋아하는 까닭에 메이저리그 포스트 시즌이 되면 해마다 관심이 그것으로 향한다. 류현진이 속했던 LA 다저스 경기에 특히 관심이 있었는데, 다저스는 메이저리그 30개 구단 중 1/2위에 해당하는 연봉을 쓸 정도로 막강한 선수층을 바탕으로 포스트시즌에 계속 진출함에도 2019년까지 우승 반지는 받지 못했다. 여러 원인이 있겠지만 그중 하나가 감독이 그토록 신뢰하는 에이스, 커쇼의 부진으로 인해 2017, 2018, 2019년까지 3년 연속 우승을 하지 못했다고 많은 언론사가 지적했다. 다저스를 비롯하여 메이저리그를 대표하는 초특급 투수인 커쇼가 다저스의 가장 큰 강점이기에 3년 연속으로 중요한 순간마다 커쇼를 마운드에 세우다가 실패한 광경을 생방송으로 매번 지켜보았다. 다행스럽게도 2020년에는 탬파베이를 누르고 1988년 이후 32시즌 만에 우승했는데, 로버츠 감독은 2017년과 2018년 월드시리즈 준우승에서 저지른 실수를 반복하지 않아 결국 우승 트로피를 거머쥐었다.

이 사례를 보면서 야구나 비즈니스는 비슷하다는 깨달음을 얻었다. 각 조직은 그들이 가진 강점을 바탕으로 야구에서는 정규 시즌에 우수한 성적을 거두고, 비즈니스에서는 인정받는 성과를 낸다. 하지만 그 강점 때문에 실패하고 변화를 성공적으로 실행하지 못한다. 어떤 조직이나 팀이 가진 경쟁 우위가 필요하지만, 그것에서만 의존해서는 좋은 성과를 넘어 위대한 기업을 만들 수 없다. 다저스는 2020년 월드시리즈에서 중요한 고비 때마다 팀의 핵심 구성원인 커쇼나 마무리 투수 젠슨에게 의존하지 않고, 유리아스를 등판시켜서 우승으로 이끌었다. 비즈니스적으로 봐도 코닥의 사례를 되돌아보며, 시대가 변화를 요구하면 기존에 가졌던 강점이라도 과감히 버릴 수 있는 배짱이 있어야 함을 깨닫는다. 그리고 잡스와 워즈니악이라는 전혀 다른 유형의 두 사람이 만들어 내는 애플의 성공 신화를 보면서 아무리 한 사람이 뛰어나다고 해도 그 사람을 보완할 수 있는 인적 역량의 중요성을 배운다.

핵심역량이라 해도 현시대에 맞지 않는다면 과감하게 버릴 수 있는 용기와 그것을 시도할 수 있는 리더의 과감한 결정이 위대한 기업을 만든다. 그래서 이윤을 추구하는 주식회사든, 승리해야 하는 스포츠팀이든, 심지어 1인 기업이든 상관없이 강점이 언젠가 우리 조직의 발목을 잡을 수 있다는 생각이 우리를 언제나 깨어 있게 만든다.

가난을 통해 배우는 교훈

보수주의자는 사람이 가난한 이유가 부지런하거나 독하게 살지 않아서 등의 개인적인 사유를 탓하고, 진보주의자는 사회 구조의 모순 때문에 가난에서 벗어나기 힘들고 가난의 대물림이 이어진다고 말한다. 내가 보기에 가난의 원인을 딱 잘라서 한쪽 측면을 강조하여 탓하는 태도는 완전한 해석이 될 수 없다. 둘 다 틀린 말은 아니어서 균형이 필요한데, 사회생활을 하면서 만난 자수성가한 기업 대표들을 생각해보면, 하나의 조건은 필수라고 잠정 결론지었다. 가난을 극복한 성과를 얻은 사람치고 독하지 않은 사람은 거의 없는 점을 확인하면서 '의지'는 필수 요건이었다. 이에 따라 탈무드에 나오는 다음과 같은 말에 완전히 동의한다.

"가난해도 부자 동네에서 놀아라."

우리나라에서는 가난한 사람이 부자와 노는 것은 분수에 맞지 않는 행동이며, 경제 수준이 비슷한 사람끼리 어울리거나 결혼을 해야 잡음이 없다고 흔히 강조한다. 그 까닭에 탈무드의 말과 같이 부자와 가난한 자가 자주 어울리기는 쉽지 않다. 하지만 가난을 벗어나야겠다는 자극을 심장과 뼛속까지 전해지도록 느끼기 위해서는 가난한 동네에서 살면서 느끼는 친숙함과 위안 등 안락한 마음을 과감하게 던져버리는 용기와 결단이 필요하다. 비슷한 수준의 사람과 어울릴 때 느끼는 편안함이 발전과 자극을 방해하기 때문이다. 개인적으로도 서울에서 가장 가난한 동네 중 하나인 지역에서 7세까지 살다가 초등학교에 입학할 무렵 부자가 꽤 있는 동네로 이사 와서 반지하 단칸방에 살았는데, 친구들의 집을 보면서 엄청난 자극을 얻었다. 그동안 너무 한쪽만을 보고 살아왔음이 느껴지면서 그때 내 인생에서 가난이라는 두 글자가 없이 살겠다는 매우 굳은 다짐을 했다.

　가난해도 부자 동네에서 놀아야 하는 또 하나의 이유는 가난함에서 비롯되는 심리적 압박과 분노가 그 사람을 갉아먹기 때문이다. 은행에서 직장 생활을 할 때 3년이 넘는 기간 동안, 서울에서 매우 낙후된 동네여서 다른 시중은행의 지점은 찾아볼 수 없는 곳에서 근무했었다. 교통이 열악하며 기반 시설도 별로 없는 동네이다 보니 서울임에도 서울 같지 않은 분위기가 느껴졌고, 그 지점을 드나드는 고객 중 부자인 사람이 별로 없었다. 근무하는 동안 숱한 사람을 만나고, 진상 고객을 경험하며 깨달은 것은 경제적으로 여유가 없는 그들에게서 발견되는 날카로움과 거친 태도였다. 경제적인 여유가 없이 살아가느라 빠듯한 일상 속에 풀지 못하고 쌓여 있는 분노가 그들의 행동과 말 속에 내재하여 있고, 그것이 자연스럽게 밖으로 표출되고 있다는 사실이었다.

유년시절에 그리고 사회생활을 하면서 경험했던 가난이 미치는 부정적 영향은 버티는 인생에 많은 힘이 되었다. 때로는 포기하고 싶고, 게으르게 살고 싶으며, 아무것도 시도하지 않고 싶을 때, 가난을 떠올리면 생각나는 감정이 무서워서 버티지 않을 수 없었다.

바보상자에도 교훈이 있다

텔레비전을 보면 매우 유익한 정보를 얻거나 감동 및 인사이트를 발견할 때가 있다. 그렇다고 해서 이 이유로 텔레비전을 자주 보고 싶은 생각은 별로 없다. 마치 새우깡에 DHA가 함유되어 있다는 광고를 보고, DHA를 먹기 위해 새우깡을 먹는 것과 같다. 얼마 안 되는 DHA를 흡수하기 위해 새우깡의 대부분을 차지하는 높은 열량, 지방, 나트륨을 섭취해야 함은 어불성설이다. 이와 같은 생각 때문에 TV와 친하지가 않다. 그래도 TV를 아예 안 보지는 않아서 배울 점이 많은 프로그램은 꼬박꼬박 챙겨본다.

지금은 종방되었지만, TV를 별로 즐기지 않는 나를 본방송으로 시청하게 하는 몇 개 안 되는 프로그램 중 하나는 〈무한도전〉이었다. 많은 재미와 감동을 선사하여 역대급 프로그램이라 불릴 수 있는 방송이었는데, 〈무한도전〉 300회를 통하여 유재석 씨가 동생들에게 한 이야기 중 3개 정도가 아직도 생각이 난다. 장기간 국민 MC라 불리며 높은 인기와 호감도를 유지하고 있는 그가 같이 방송하는 후배를 위해 다음과 같이 조언해주었다.

"내가 너희에게 든든할지 모르지만, 오히려 이것이 숨겨진 능력을 발휘 못 하도록 막는 것인지 우려된다."

"준비해라. 은퇴할 때를 지금부터 준비하라."

"좋아하는 두 개를 다 할 수 없다. 하나를 반드시 포기해야 하는 것으로 내일 일을 작년 또는 재작년처럼 하려면 버림이 필요하다."

무슨 문제가 생겼을 때 누군가가 가르쳐주고 지적해주면 얼마나 감사한가? 든든한 사람이 리더로 옆에 있으면 그것만으로도 편하고 안심이 된다. 그러나 그것에 너무 익숙해지면 성장하지 못하는데, 그와 같은 한계에서 벗어나지 못할 위험을 우려했다. 성장하기 위해서는 홀로 씨름하면서 자기만의 시간이 필요하다. 수학 문제를 남이 푸는 과정을 지켜보다가 자기 스스로 풀어보려고 하면 난감해지는 것과 같다. 고독의 과정이 없는 창의적 결과물은 없다.

두 번째 조언에서는 그렇게 잘 나갔던 그의 입에서 그와 같은 말이 나올 줄은 생각하지 못했다. 워낙 인기가 많고 하는 프로그램이 다양해서 미래에 대한 막연한 두려움이 전혀 없을 사람이라고 생각했는데, 은퇴에 대한 고민을 그때부터 한다는 그 모습만으로 놀라웠다. 일반 직장인이 은퇴에 별다른 고민이 없이 사는 경우도 많으며, 우리나라 사람 중 절반 이상이 노후 자금 준비가 안 되어 있다는 보도가 나오는 판국에 평생직업의 중요성을 그는 일깨워주었다. 평생 직장은 없지만, 평생직업은 있다.

마지막 조언이 가장 하이라이트였다. 나이가 점점 많아지면서 찾아오는 부정적 사고, 타성, 나태함 등을 이길 수 있는 유일한 힘은 자신 스스로에 대한 변화임에 100% 공감한다. 담배를 끊던, 운동하던, 공부하든 자신에게 꼭 필요한 습관을 갖도록 노력하고 불필요한 것은 버릴 줄 아는 용기가 필요하다고 그는 역설했다. 아무리 뛰어난 재능을 가진 축구 선수도 그 재능만이 장기간의 성공적 활동을 이끌지 못한다. 이른 나이에 스타덤에 오른 프로 선수 중 상당수는 사람들의 기억에서 잊힌다. 2012년에 방송된 에피소드에서 그렇게 이야기했으니 벌써 10년 가까운 세월이 흘렀지만, 유재석이라는 이름이 여전히 막강한 이유를 그의 사고방식을 통해 새삼스레 알게 된다.

세상의 기준에 타협하지 않는 나만의 기준

버티는 인생을 빛내는 요소 넷 ✦

남이 원하는 성공, 꼭 해야 하는가?

기본적으로 목표를 이루기 위해 노력하고 끊임없이 무언가를 해야 안정감을 느꼈다. 아무것도 하지 않으면 뒤처지는 듯한 강박증을 보였다. 심리테스트의 결과 에니어그램은 성취주의자의 유형인 3번이고, MBTI는 회식이나 잡담을 매우 비효율적으로 느끼는 INTJ의 사람이다. 즉 내 인생에 경쟁과 목표 설정은 낯선 단어가 절대 아니었고 심지어 애호하는 가치였다. 세상에서 인정받으려면 무엇을 해야 하는지 직감적으로 알고 그것을 얻기 위해서 최선을 다하던 내가 하나의 책을 계기로 성공에 대한 관점이 달라진 획기적인 변화를 경험했다. 한비야 씨의 저서 《그건 사랑이었네》에서 그녀가 생각하는 성공의 정의는 다른 사람에게 조금이라도 긍정적인 영향을 미친다면 성공한 인생이라 했는데, 마찬가지로 나만의 성공을 정의하고 그 정의에 맞는 인생을 살아가겠다는 강한 자극을 받았다.

내가 정의하는 성공은 나의 재능과 한계가 어디까지인지 최대한 확인해보면서 해보고 싶은 역할에 끊임없이 도전하는 인생이다. 가슴속으로부터 어떤 일을 하고 싶다고 장기간 솟구치면 그것을 하기 위해 준비를 하고 실행하는 삶을 추구한다. 2019년부터 시작된 일생일대의 도전도 이렇게 시작되었고, 세상이 일반적으로 추구하는 성공과 인생을 생각해보면, 늦은 나이에 하는 사서 고생하는 것으로 주위에서 생각할 수 있다.

세상의 흔한 성공의 기준인 돈, 명예, 직위 등을 내 인생에서도 완전히 배제할 수 없음을 인정한다. 그러한 기준에 맞추어 살아가는 사람들을 바라보면 나도 그렇게 살아야 하는 것은 아닌지 흔들리기도 한다. 그러나 내가 정의한 성공의 방향은 변치 않을 것이다. 성공의 수식은 계속해서 나 스스로 써나가고 남들의 소유물과 비교하지 않는다.

인생은 과제가 아니다

주위를 가만히 관찰해보면 많은 사람이 과제를 하면서 인생을 살아간다는 느낌이 든다. 이것은 이렇게 해야 하고 저것은 저렇게 해야 해서, 마치 그것에 못 미치면 잘 못 사는 듯이 비교와 눈치 보기가 우리 사회에 팽배해 있다. 예를 들어 고등학교는 특목고나 유명 사립고, 대학은 서울대 · 연대 · 고대, 취업은 졸업 전 대기업 입사, 20대

후반에 자동차 구매, 30대 초에 결혼, 30대 중후반에 내 집 마련, 40대에는 최대한 회사에서 버티고 자녀의 교육에 열중 등 인생의 주요 과제가 연속적으로 한 사람 앞에 놓여 있는 듯하다. 마치 정교한 인생 공식이 있는데 거기에 맞춰 살지 않으면 인생을 잘못 사는 듯이 직간접적으로 평가를 받는 듯한 느낌을 지울 수 없다. "취업은 언제 할 예정이냐?", "결혼은?", "아이는 언제 몇 명 나을 계획인가?", "언제 내 집 마련할래?" 등과 같은 잔소리를 들으면서 다른 사람의 요구에 부응하게 하는 전철을 우리는 밟고 있다.

그런데 더 큰 문제는 그와 같은 인생 과제를 하나하나 힘들게 노력하여 달성하면, 만족감이 높아야 하는데 그렇지 않은 현실에 있다. 원하던 직장이나 대학에 가게 되더라도 우리는 동료와 친구를 바라보며 또 비교한다. 연봉, 부서, 직급 등을 기준으로 잘 나간다고 생각하는 사람을 잣대로 삼아 각 요소에서 그들보다 뒤처지면, 그들을 시샘하며 환경을 원망하고 자신을 탓한다. 우리가 무언가를 성취하는 이유는 더 큰 행복이다. 그런데 성취 후에도 계속해서 비교하느라 행복감이 더 높아지지 않는다. "내가 사는 아파트는 오르지 않는데, 왜 친구네 아파트는 몇억이 올랐는가?" 시기와 질투 속에 행복은 멀어져만 간다.

가끔 남들처럼 되지 않거나 원하는 바를 회사에서 안 해줘서 우울하거나 화내고 싶을 때, 내가 집중하는 것은 나에게 이미 주어진 모든 것이다. 지금 수중에 있는 돈, 직장과 직위, 자동차 등 내게 주어진 물질과 직업에 감사함과 동시에 달성하기 원하는 꿈을 바라보며 남과의 비교로 흥분된 마음을 진정시킨다. 아무리 지금의 현실이 강퍅해도 외부 환경 및 도전의 결과에 상관없이 여생에서 반드시 해보고 싶은 일을 적어보며 그것들을 하나하나 실행하면서 가장 큰 기쁨이자 행복을 얻고 있다. 원하는 삶, 추구하는 가치관, 사명 등은 내가 가진 타이틀이나 주위의 수군거림에 조정되지 않는다. 인생은 사회적으로 정해진 미션을 달성해야 하는 과제가 아니다.

행복은 결국 주관적인 느낌

무언가를 하기로 하면 그것을 해야 직성이 풀리고, 시간이 점점 늦어지거나 뜻하는 대로 되지 않으면 불쾌지수가 매우 높아지는 성향을 가지고 있다. 하루에 할 일을 다 못하고 잠을 청하거나 집으로 돌아가면 기분이 찜찜하다. 이러한 성향이 유독 강한 이유는 인생을 살면서 꼭 이루고 싶은 궁극적 목표가 있기 때문이다. 그 목표는 돈으로 책정한 수치가 아니라 일종의 주관적 느낌으로, 세월이 갈수록 내가 성장하고 있다는 말을 진심으로 할 수 있기를 원한다. 돈을 많이 벌거나 승진하는 등 누구나 직장인으로서 성취하고자 하는 목표는 나에게는 차선이다.

물론 남이 나를 평가할 수가 있지만 진정한 평가는 나 자신만이 할 수 있기에 작년의 나는 재작년의 나보다, 올해의 나는 작년의 나보다 좀 더 성숙하고 발전했다는 그 주관적인 느낌을 얻고 싶다. 즉 과거보다 지금의 나는 발전했고, 미래의 나는 지금의 나보다 더 나아진 위치에 있을 기대감과 꿈을 갖고 하루하루를 살아가고 싶다. 그리하여 10년 후의 모습이 기대되는 인재로 기억되길 원한다. 지금까지도 잘 해왔지만, 앞으로 더 큰 성장이 있을 듯한 사람으로 기억될 미래의 모습에 벌써 가슴이 벅차오른다.

욕망을 거스르면 행복이 찾아온다

어렸을 때부터 TV 시청에 별다른 관심이 없었다. 비교적 가난한 어린 시절을 보냈으며 내성적인 성격 탓에 TV가 유일한 친구인 적도 있었지만, 대체로 TV를 보고 있으면 마음이 불편하다. 나 자신이 주체적으로 인생을 살지 못하고 누군가가 전달해주는 영상을 바라만 보고 있는 수동성과 멍해짐이 싫어서 오랜 시간 볼 수 없다. 지금도 2~3시간을 몰입해서 시청하면 머리가 아파진다. 이러한 영향은 영화, 뮤지컬, 오페라 등 다양한 종류의 영상을 바라보고 있어도 거의 동일하고, 그것을 즐기지 않은 결과, 연예인들의 얼굴과 이름이 생소한 편이다. 그리고 연예인을 보면 나와는 아주 다른 세계를 사는 사람이라 생각되어 그들의 생각과 사생활에 관심이 없는 편이다.

그런데 어느 날 그들의 삶이 매우 궁금해지고 본받고 싶게 만드는 연예인 커플이 주인공으로 나온 프로그램을 우연히 보았다. 차인표와 신애라 그리고 선과 정혜영 부부가 그 주인공으로 봉사활동을 비롯하여 이웃을 사랑하는 마음을 보면서 그렇게 하는 원동력이 무엇인지 궁금해졌다.

혹자는 그들이 워낙 이름이 알려진 연예인이므로 재정적으로 뒷받침되니 그와 같은 활동이 가능하다고 이야기한다. 또한, 이미지가 중요한 연예인 직업의 특성상 하는 행동이라고 깎아내린다. 일리가 없지는 않지만 그렇게 따지면 다른 연예인도 치열한 방송 사업의 경쟁을 뚫기 위해 비슷한 활동을 하는 사람으로 가득 차야 하는데, 그들과 같은 연예인은 많이 안 보인다. 그들은 또한 연말이나 연초와 같은 특정 시기에 하는 봉사 체험이 아닌 꾸준히 참여하는 봉사 활동을 삶에서 보여주고 있기에 더욱더 본보기가 된다. 상황이 되거나 잇속 때문에 정기적으로 함에는 무리가 따른다.

가끔 주위를 둘러보면 일부 연예인뿐 아니라 상황이 되지 않아도, 눈에 잘 드러나지 않아도, 사회적으로 큰 관심이 없는 분야에도 시간과 물질을 헌신하는 사람들이 눈에 들어온다. 사람은 이기적인 동물이어서 자신의 이익과 권리를 주장함에 목매는데, 그 욕망에 반대되는 행동을 하는 소수가 있다. 우리는 욕망을 거스르는 그들로부터 감동을 받는다.

자기 자신, 배우자, 자녀 등 가족 구성원을 챙기는 행동은 일반적인 사람이라면 누구나 다 한다. 그것은 본능이다. 그러나 누구나 하는 본능에서는 어느 감동도 나오지 않는다. 먹고 싶은 음식을 사서 먹고, 사고 싶은 물건을 사는 행위에서 제삼자는 감동을 거의 느끼지 못한다. 심지어 웃음을 살펴봐도 그렇다. 웃음이란 상대방이 생각하는 바가 아닌 상황이나 대사를 보여주거나 들려주어 번뜩이는 재치의 희열을 느끼게 함을 의미한다. 즉 뻔한 이야기는 아무런 파장도 없다.

개성을 점점 더 중히 여기는 세상에서 메마르고 뻔한 인생을 살고 싶은 사람은 많지 않다. 그런데도 대부분의 사람은 너무 똑같이 살아간다. 본능적인 행동만을 하면서 이기적인 삶을 추구하거나 평범하게 살다 보니 감동이 없어서 우리네 인생이 팍팍하고 지치게 된다. 뻔하지 않아야 감동이 나오며, 그 감동 때문에 우리는 삶의 무게를 이겨낼 수 있다.

지금의 내가 가진
미래에 대한 소망

내가 꿈꾸는 리더상

직장에서 뒤에서 앉아 지시하기를 좋아하는 사람이 있다. 자신이 움직이는 습관보다는 남이 움직이는 것을 바라보며 대접받기를 원하는 사람도 있다. 이러한 사람을 바라보며 속으로 이처럼 생각한다.

'당신은 이미 늙은 사람이네요. 나이가 어찌 되었든 간에.'

나는 평생 한비야 씨처럼 현장형 리더, 즉 야전 전사가 되고 싶다. 현장에서는 리더가 사방팔방 같이 뛰어야 하므로 직함이 중요하지 않다. 어떤 스포츠팀에서 운동장을 뛰는데 연봉, 포지션, 나이에 따라 따로 뛰는 모습을 보았는가? 누군가가 뒤처지면 격려를 하고 심지어 욕을 해서라도 그들은 같이 뛴다. 그것이 개인이 아닌 팀을 만드는 열쇠이다.

그렇기에 진정한 리더는 뒤에서 앉거나 팔짱 끼고 서 있다가 사인만 하는 자가 아니라 구성원과 같이 뛸 수 있는 현장형 일꾼이다.

머리로만 일하지 않고, 말단 직원들의 현장에서부터 같이 호흡하는 모습을 보여주는 사람이 리더의 자질을 논할 수 있다. 이에 해당하지 않는 대다수 관리자에게 하고 싶은 말은, 지금 당신이 가지고 있는 영향력이 존경받을 만한 요소를 지녔기에 발생한다는 착각을 하지 않았으면 좋겠다는 것이다. 리더십의 크기는 직함을 떼고 나서 알 수 있다. 안타깝게도 우리나라에는 관리자는 수두룩하나 리더는 거의 없다. 대부분 직함을 떼고 나면 아무도 신경 안 쓰는 아저씨나 아줌마일 뿐이어서 그들이 퇴직 후 기존 직원이 일부러 찾아가거나 자주 연락을 하는 사례가 흔하지 않다. 먼 훗날 내가 은퇴한 후 얼마나 많은 후배와 종종 어울리고 교류할 수 있을지 기대가 되고 그러한 내가 되길 소망한다.

평생 듣고 싶은 커리어의 수식어

대세 스타로 자리매김한 장성규 씨를 있게 한 배경은 2011년에 방송된 공개 오디션 프로그램 〈신입사원〉이었다. 경쟁을 좋아하는 내가 보기에도 과하다 싶은 과제를 부여하고 못 한 부분을 지적하는 과정이 이해가 안 될 정도였다. 여론의 반응 역시 상당히 부정적이어서 주말 황금 시간대에 방송함에도 시청률은 낮았다. 구직을 위한 서바이벌 프로그램을 선호하는 나는 낮은 인기도 아랑곳하지 않고 거의 다 마지막까지 시청했다. 그중 아직도 기억되는 장면 중 하나는 최종

1위로 합격한 사람에게 면접장에서 선배 아나운서들이 전하는 메시지였다.

"저 사람의 끝은 어디인가? 어디까지 보여줄 것인가? 그것이 궁금해지는 지원자다."

이 말을 듣는 순간, 그것이 내가 평생 지향해야 할 이정표라는 머릿속이 스쳐 지나갔다. 현재도 괜찮은 사람이지만, 더 성장한다면 어디까지 성장할 수 있는지 기대가 된다는 말은 평생 받고 싶은 칭찬으로 각인되었다. 지금까지 살아온 날보다 앞으로의 날이 더 기대되는 내가 되길 원한다.

그리고 개인적으로 싫어하는 사람의 모습이 인생을 이제 다 살았다는 듯 더는 꿈을 좇지 않는 태도와 나는 이렇게 살았으니 너희도 이렇게 살라고 가르치려는 태도이다. 그렇기에 이와 같은 태도를 지양하며 삶을 마감할 때까지 배움과 발전을 멈추지 않는 사람으로 세상에 기억되었으면 좋겠다. '이 정도면 되겠지!', '이젠 잡일은 아래 직원이 다 해야지!', '나이가 얼마인데 또 뭘 배워야 해?' 등의 생각을 한순간도 하지 않기를 소망한다. 즉 세상을 살면서 항상 깨어 있어야 할 대상은 지식과 뉴스거리를 넘어 나의 타성과 익숙함에 대한 경계심이다.

계획이 없어도 미래가 기대된다

20대 내내 플래너 애호가였다. 20대의 대부분을 플래너에 기재된 계획과 명언에 따라 살아서 오죽하면 프랭클린 플래너 이용자 카페에 가입해서 활동했다. 인터넷으로 누군가를 만나 소통하는 모임을 긍정적으로 바라보지 않았던 성격상 대단한 결정이었다. 프랭클린 플래너 카페 활동은 한마디로 그 다이어리에 대한 강한 충성도와 계획 및 실천에 대한 강한 집착을 의미했다.

그러던 중 30대가 되면서 계획에 대한 맹신이 흔들리기 시작하면서 그리고 스마트폰이 대중화되어 점차 플래너의 필요성이 낮아지면서 플래너에 대한 충성도가 급격히 하락하기 시작했다. 결국에는 2016년까지 매년 1월 1일이 되기 전에 반드시 새해 계획을 작성하느라 머리가 복잡했는데, 2017년부터는 아예 그것을 중단했다. 그냥 아무 생각 없이 한 해를 맞이하고, 연초와 연말에 그다지 집착하지 않는 인생으로 바뀌었다.

이와 같은 변화를 겪으면서 깨달은 사실은 계획을 거창하게 세워서 한 해를 맞이하는 것과 여느 날과 다름없는 하루처럼 새해를 맞이할 때의 느낌이 뚜렷하게 다르다는 점이다. 예전에는 계획을 세울 때 여러 가지 항목을 작성했기에 기대가 앞서면서도 불안이 동시에 찾아왔다. 항목별로 각각 어떻게 진척시켜야 할지 또는 실현될 가능성은 있는지 생각만 해도 머리가 어지러웠다. 반면에 지금은 계획을 세우기보다는 사소하게 해야 할 일을 휴대폰 일정에 기록하면서 천천히 하루를 만끽하고 있다. 그러다 보니 무언가 거창한 계획이나 성취감은 없지만, 하루하루 살아가면서 들이마시는 오늘의 공기가 그전과 다르게 느껴진다. 미래 중심일 때는 연 단위의 장기 목표가 눈에 들어오지만, 현재가 중심일 때는 하루하루가 눈에 들어온다.

'무언가 목표를 다양하게 설정한 후 그것을 이루기 위해 노력하는 과정을 즐길 것인가? 아니면 큰 목표는 없지만 소소한 일상을 즐기면서 자연스레 다가오는 결과물을 만끽할 것인가?' 이 두 가지의 고민 중에서 지금의 인생이 더 가까운 방향은 후자이다. 반드시 이루어야 하는 꿈이 이젠 없고, 오늘 하루를 만끽하는 삶을 살고 있어서 감사하다. 물론 경기 침체는 계속되면서 위기라 누구나 말하는 시기이기에 앞날이 어떻게 전개될지 단 하루도 모르겠다. 다만 현재의 소소한 인생을 즐기고 해야 할 일을 하다 보면 1년 후, 2년 후, 3년 후의 나는 무엇을 하고 있을지 매우 궁금하고 미래가 기대된다. 즉 지금은 끝이 보이지 않는 터널을 지나고 있으나 터널 끝에 나타나는 미래의 내가 어떤 모습으로 현재의 나를 기다리고 있을지 보고 싶어서 미래가 불안으로 다가오지 않는다.

영원한 타이틀은 없다

어떤 사람을 처음으로 만나서 자기소개하거나 어필을 해야 할 때, 우리는 자신이 가지고 있는 요소 중 주요한 사항을 밝히면서 자신을 설명한다.

"나는 변호사다. 또는 의사다. 내 연봉은 일억이 넘는다. 내 자동차는 BMW이다." 등으로 직업, 연봉, 자동차, 부동산 등의 소유물이 각 사람의 정체성을 대변하고 있다. 그것들에는 공통점이 하나 있다. 그것은 어떤 사람을 있어 보이게 하지만 모두 평생 가는 수식어는 아니라는 점이다. 영원한 타이틀이 아니어서 어느 시점이 되면 과거의 추억이나 설명으로 전락할 수 있다.

따라서 나는 어디에서 무엇을 하던 타인이 내 이름 석 자로 기억해주길 원한다. 하고 다니는 행실과 태도, 가치관과 성격, 좋아하는 취미와 관심사 등이 종합적으로 결합하여 내 이미지가 꽉 차게 그려졌으면 좋겠다. 언제 없어질지 모르고 수동적으로 부여되는 직위나 직책을 떠나 그것이 없어져도 만나고 싶고, 그 사람의 색깔이 각인되는 인생을 간절히 바란다.

좋은 대학 및 회사를 말하는 기준

한국의 교육열은 세계 최고 수준을 자랑하기에 대부분 이왕이면 좋은 대학에 입학하기 위해 사활을 걸고 공부한다. 좋은 대학의 의미는 일반적으로 수능 성적으로 정시 지원을 할 때 고시되는 점수별 배치지원표 상의 성적순의 대학이다. 그런데 개인적으로 더 와 닿는 좋은 대학의 정의는 대학에 자신보다 열정적이고 능력 있으며 열심히 살아가는 사람이 많을수록 그 대학은 좋은 대학이라 생각한다. 수능 점수를 넘어 분위기, 학구열, 열정 등 정성적인 요소가 좋은 대학을 뜻한다는 것이다.

사람은 환경에 적응하는 동물이어서 자신보다 뛰어난 사람과 어울리면 자극을 받고 서서히 변화하여 그들이 가진 장점과 태도를 흡수한다. 단순히 취업을 잘하기 위해, 남들이 다 선호하는 대학이기에, 아니면 부모님이나 친구가 추천하기에 등의 이유보다 더 중시되어야 할 동기부여 조건이다. 어떠한 사람을 만나느냐에 따라 한 사람의 인생이 달라질 수 있기에 긍정적인 자극을 최대한 받을 수 있는 조직에 속하고 싶은 욕심은 내 평생 포기할 수 없는 바람 중 하나이다.

과유불급은 이겨내고 싶은 가치관

과유불급은 내가 매우 좋아하는 말 중 하나이다. 인생에는 중요한 가치와 대상이 매우 많아서 요소별로 균형을 찾아가는데 적절한 단어이다. 그리고 세상에 존재하는 모든 대상은 단점, 부작용, 문제 등이 있어서 세상에 좋기만 한 것은 아무것도 없으므로 이 세상 원리를 잘 설명하기도 한다. 이 단어는 우리 사회에서도 웬만하면 긍정적인 뉘앙스로 사용되어 그것을 부정적인 시각으로 보는 사람은 많지 않은 듯하다.

그러나 가만히 생각해보면 과유불급은 중간 정도의 애매한 상황을 나타내기도 한다. 내 인생을 통틀어서 특정 대상만을 위해 열정적으로 미친 듯이 해본 적이 없었는데, 그 이유는 다양한 일에 적당히 하고 싶은 과유불급의 사고방식이 나를 지배했음에 있다. 무언가에 미칠 때가 인생에 최소 한 번쯤 누구에게나 있을 듯한데, 나는 좀처럼 어떤 대상에 올인하지 않았다.

그리하여 20/30대가 아니어서 객관적으로 젊은 나이라 말하기 어려운 지금, 이 순간에 절실하게 원하는 바는 무언가에 미쳐서 살아가는 순간이다. 생각만 해서는 아무리 생각을 해봐도 그것들이 무엇인지 알 수 없기에 부딪혀 보는 수밖에 없다. 평생 깨보지 않은 그 벽을 깨길 원한다.

해외여행을 할 때 고수하는 원칙

여행 시 심각하게 불편한 것은 없다고 믿는다. 단지 아직 그것에 익숙하지 않아서 당황스럽고 낯설어서 그러한 현상이 잠시 일어날 뿐이다. 물론 현지인 누구나 느끼기에 매우 불편하고 비효율적인 사항은 바꾸어야겠지만 불편하고 답답하다고 해서 무조건 그것이 바뀌길 바라는 마음은 세상이 자신을 중심으로 돌아가기를 원하는 발상이다.

사회생활을 시작한 후 코로나 사태가 터지기 전에는 매년 해외여행을 되도록 갔었다. 이를 통한 깨달음은 좀 참고 그 환경에 익숙해지려 노력하면서 다른 사람의 삶을 이해하려는 태도이다. 어디에 가든, 무엇을 먹든, 어떤 광경을 구경하든 그냥 그대로 받아들이고 싶다. 나에게 딱히 맞지 않는 문화를 접해도 판단을 섞어서 해석하거나 불평하지 않고, 그러려니 하면서 받아들이는 태도이다. 한국에서 태어나 자라면서 지금까지 유지하고 있는 생활 방식은 단지 익숙하기에 편한 것처럼 처음으로 경험하기에 낯선 다른 문화를 접해도 편견이나 아집이 없이 수용할 수 있는 능력을 갖추길 원한다. 그것이 나를 더 발전시키고 세상에 좀 더 다가가는 길이라 믿는다. "이 나라 음식은 전부 맛없어!", "이곳의 환경은 너무 안 좋아!", "여긴 왜 이래?" 등의 낯선 대상에 대한 부적응 반응을 툭하면 표출하기 전에 그것에 익숙해지면 된다는 능동성을 발휘하고 싶다.

사소한 요소 때문에 불만을 표출하지 말고, 여행할 때 보고 느끼는 대상을 한국의 유사한 무언가와 비교하지 말자는 행동방식이 내가 가장 고수하는 여행 원칙이다. 한국으로부터 여행하거나 쉬러 왔다는 생각을 최대한 잊으려고 한다는 다짐이다. 한국에서 왔으니 하루에 최소 한 끼는 한식으로 먹어야 하고, 한국에서는 이렇던데 여기는 이렇다며 비교하며, 한국인 특유의 버릇을 가지고 한국인 티를 내는 습성이 되도록 나에게 없길 바란다.

미국에서 어느 유대인의 가정에 초대되었을 당시 초등학교 저학년으로 보이는 두 여자아이가 부모님과 정치 관련 이야기를 하고, 나도 잘 모르고 관심이 없는 북한의 정치에 관해 물어보는 모습에 충격을 받은 적이 있다. 이러한 경험이 여행에서 얻고자 하는 최고의 선물이다. 여행에서 그들의 문화나 생활 습관을 보면서 가끔은 적응이 안 되고 놀라지만 더 넓은 세계를 바라보며 그릇을 키워가고자 한다.

해외여행을 통해 배우는 점도 많겠지만, 관찰자가 아닌 참여자가 되어 그 사회와 문화에 동참하고자 나는 아래와 같은 일생일대의 도전을 시작했다.

일생일대의 도전을 또 감행한다

인생에서 가장 오래 근무한 두 회사는 모두 안정적인 재무구조를 가진 회사이다. 그렇게 많은 나이도 아니고 업무에서도 큰 어려움은 없었지만, 변화를 추구하기 위해 한 회사에서는 오래전에 퇴직했고, 다른 회사에서는 퇴직을 계획하고 있다.

퇴직을 감행하거나 계획할 때 느끼는 공포감과 두려움은 꽤 크다. 기질상 두려움을 크게 느끼는 타입이 아님에도 과거에 퇴직 후 며칠도 안 되어 찾아왔던 안정감의 상실에 대한 충격이 작지 않았다. 더욱이 지난 직장에서 대한민국 직장인 중 상위권 연봉에 머지않아 과장 승진 대상이었던 사람이 정해진 경력 방향이 전혀 없음에도 퇴사한다고 말할 때마다 주위로부터 들려오는 말은 대체로 부정적이었다. 수천만 원의 학비를 내면서 힘들기로 소문난 대학원에서 사서 고생을 해야 한다는 점도 불안에 일조했다.

퇴직은 한마디로 전혀 쉽지 않은 모험을 강행하는 과정이다. 나는 그 쉽지 않은 모험을 곧 강행하기 위해 준비하고 있다. 그 준비는 해외에서 거주하고자 하는 계획인데, 코로나 사태 때문에 일정이 중단되었고, 다음 절차가 진행되기를 기다리고 있다. 미국의 코로나 확진자가 독보적으로 전 세계 1위를 차지하고 동양보다 서양의 확진자 수가 월등히 많은 등 개인주의의 추한 민낯을 이번 사태로 알게 되면서 최적의 시기를 고민해야겠지만, 백신이 보급되고 코로나가 잠잠해지면 내 일생일대의 또 다른 도전을 다시 진행하려고 한다.

또 큰 벽을 향해 도전해야만 하는 이유

직장을 다니면서 사람은 때때로 타성에 빠진다. 대기업은 그나마 다양한 교육과 직무 순환제를 통해 그것의 빈도와 강도를 줄이려고 노력하지만 그러한 노력과는 상관없이 직장인의 근무 의욕은 잘 높아지지 않는다. 특히 40대가 넘으면 업무적으로 필요한 기술을 배우려고 하거나 자기 계발에 힘을 쓰지 않고, 최대한 회사에서 쫓겨날 때까지 버티려고만 애를 쓰는 경향이 있어서 그와 같은 전철을 밟는 사람을 많이 만났다. 만날 때마다 드는 생각은 그들처럼 살고 싶지 않다는 자극이었다. 여느 조직에 있든 정체되거나 현실에 안주할 수 없다고 결심했다.

그래서 수천 번 고민하고 회사의 긍정적인 면을 바라봐도 배울 점이 없거나 비전이 없다고 판단되면, 안정적인 회사라고 해도 떠날 준비를 한다. 다만 나이와 역량을 고려하여 완전히 해보지도 않았던 새로운 필드에 도전하지는 않고, 새로움과 익숙함이 공존하는 분야에서 방향을 모색하는 선에서 대비하고자 한다. 새로운 필드에 도전하는 듯 보이지만 지금까지 했던 은행원 생활, MBA, 경영이슈를 분석하는 연구원, 재무 컨설턴트 등의 역량과 경험을 총동원하는 다음 단계를 추구하고 있다.

안정감은 길게 머물 수 없는 가치

다소 늦은 나이에 결혼해서 사랑하는 아내와 함께 하루하루를 보내는 일상은 행복 그 자체이다. 인생 처음으로 안정감을 가지고 살고 있다고 느낀다. 여행을 가거나 맛있는 음식을 먹는 등 무언가를 애써 하지 않아도 마냥 좋을 수 있음을 처음으로 깨닫고 있다. 그런데 2019년부터 어느 순간 위기의식이 떠올랐다. 그간의 세월 동안 둘만의 행복에만 너무 열중했다는 반성과 답답한 마음이 찾아온 것이다. 안정성은 성격상 오랫동안 추구할 수 없는 가치인 까닭에 새로운 도전 과제에 집중하면서 몰입의 즐거움을 느끼고 싶은 충동질이 속마음에서 일어났다. 또한, 과거를 돌이켜보니 열심히 살아왔다고 스스로 자부할 수 있으나 단 한 번도 특정 대상에 미쳐서 살아본 적이 없었음이 떠오르면서 그러한 삶을 반드시 살아보고 싶은 욕구가 강하게 일어났다. 나에게 너무나도 익숙한 모습인 '이것저것 주어진 바에 그 시간만은 최선을 다한다'가 아닌 '딱 하나에 몰입'을 경험하며 희열감과 혼을 쏟은 탕진의 느낌을 쟁취하고 싶어졌다.

세상에는 변화에 대해 크게 두 가지의 다른 접근을 하는 부류가 있다고 생각한다. 아무리 힘들어도 언젠가는 좀 더 나아진 삶이 찾아 오기를 희망하면서 자신이 하는 일을 묵묵히 하는 유형이 있다. 기존의 틀에 순응하고, 지금 자신이 가지고 있는 것에 대해 초점을 맞추는 사람이다. 또 다른 부류는 자신이나 조직이 가진 꿈을 향하여 끊임없는 도전을 하며 변화를 창출하려고 하는 유형이다. 자신이 원하는 세상이 언젠가 오기를 기다리지 않고, 그것을 나가서 쟁취하기 위해 도전과 실패를 반복하며 변화된 삶에 초점을 맞추는 부류이다.

결혼 후 2018년까지 전자의 삶을 살았고 이에 만족했으나 2019년부터 목마름을 느끼고 후자의 삶을 살기 위해 준비하고 있다. 타인이 제시하거나 요청하는 길이 아닌 스스로 길을 찾아내겠다는 각오로 다음 스텝을 진행 중이다.

꾸역꾸역이 만든 인생 결과물

나에게는 비교적 흔하고 당연시되는 두 장의 사진이 없다. 백일 사진과 돌 사진이 바로 그것인데, 이는 어렸을 때 상당히 가난했음을 의미한다. 그 까닭에 경제적으로 부유하지 못한 집안에서 태어나고 자라나는 환경에 대해 원망했고 '가난'을 증오했다. 그런데 대학 졸업 후 은행원으로 사회생활을 시작하면서 남부럽지 않은 연봉을 받았다.

유치원 다니던 시절, 나는 엄마만 졸졸 따라다녔다. 그때의 나는 초절정으로 숫기 없고 내성적인 아이였다. 얼마나 내성적이었는지 가장 존재감이 없는 학생을 뽑는 투표에서 1등을 했다. 그런데 지금은 말장난을 자주 하고 다른 사람 앞에서 춤까지 춘다.

초등학교 때와 중학교 때는 급우로부터 괴롭힘을 많이 당했다. 극도로 우울한 학창 시절을 보냈다. 참고 지내는 성격이 미덕인 줄 알고 가만히 있었더니 악한 아이들은 더 심하게 괴롭혀왔다. 그런데 지금의 나는 공정하지 못하거나 피해를 봤다고 생각되면 끝까지 항의해서 보상을 받아내고야 만다.

군대를 떠올릴 때 좋은 추억이 떠오르는 사람이 얼마나 있을까? 나도 마찬가지로 선임들의 구박, 심지어 후임의 무시, 미군과의 갈등, 불의의 사고 등으로 악몽의 시간을 보냈다. 특히 카투사로 입대하자마자 부대 배치에 활용하기 위한 영어 시험을 봤는데 제공된 사인펜이 안 좋아서 답안지가 흐리게 표기되어 20점이 하락한 결과를 받으면서 암흑 같은 시간이 시작되었다. 그에 따라 억울하게 원하지 않던 부대로 배치받았다. 입대 전 영어 실력 향상을 위해 굳이 큰 지출을 감행하며 어학연수도 다녀왔는데, 그 시간이 전혀 보상받지 못했다. 즉 생각하지도 않은 곳으로 가다 보니 너무 억울해서 적응을 못 했고 그 때문에 선임으로부터 구박을 많이 받았다. 스트레스로 자살하고 싶은 적이 한두 번이 아니었지만 이를 악물고 참으면서 잠자는 시간과 식사 시간을 아껴서 토플 공부를 했다. 이 모든 불행을 참고 영어 공부에 매진했기에 병장 때 토플 점수를 취득했고, 그에 따라 영어 실력은 월등히 나아졌다. 이를 바탕으로 미국에 교환학생으로 갈 수 있었다. 지옥 같은 생활을 하는 와중에서도 의지해야 할 대상을 찾아야만 했다.

이 밖에도 군대에 있으면서 훈련 도중 손가락이 절단되었다가 50일 넘게 입원하며 재결합 수술을 하여 기적적으로 완치하는 등 인생을 돌이켜 보면 고난이 많았다. 성실하지 않거나 탈선을 하여 자업자득의 부정적인 결과를 얻음이 아니라 어쩌다 보니 환경이 그렇게 만들어져서 의지와는 상관없는 고통의 시간을 꽤 보냈다.

그 당시에는 인생이 왜 이렇게 꼬이는지 잘 풀리지 않고 매일매일 하는 노력이 물거품처럼 느껴졌다. 그런데도 그와 같은 생각과 기분에 전혀 지고 싶지 않았다. 악으로 깡으로 버티고 원하는 삶을 얻겠다는 의지 하나만으로 크게 방황하지 않고, 나 자신을 절대로 포기하지 않았다. 세상이 나를 버려도 나는 나를 버리지 않는다는 신념에 의지한 결과다. 이 의지는 미래에도 지속할 것이다.

해외에서도 꾸역꾸역 살아남기 프로젝트

앞서 사람마다 재능이 달라서 추구하는 커리어와 삶의 가치관이

다르듯이 사람이 추구하는 성공에 대한 정의 역시 좀 더 다양해졌으면 좋겠다고 이야기한 적이 있다. 지금 준비하는 제2의 인생 역시 내가 생각하는 성공의 정의를 구체화하고, 그것에 맞도록 살기 위한 시도의 하나이다. 내 나이를 생각하면 머나먼 일이 아닌 퇴직을 위해 돈을 모아야 하고, 부동산 및 주식 등 투자 붐이 일고 있는 현시대에 맞추어서 분발하라는 세상의 메시지가 지속해서 들려올 때마다 불안이 앞서기도 한다.

그러나 이 불안은 나만의 성공 공식을 쓰겠다는 각오와 의지를 이길 수 없다. 하고 싶은 것을 최대한 많이 해보면서 다른 사람에게 긍정적인 영향을 끼치는 삶을 성공이라 정의하는 나만의 성공의 기준이 심장을 계속 움직이게 하고 에너지를 제공하기 때문이다. 2019년부터 준비를 시작한 해외 거주의 목표가 궁극적으로 어떻게 전개될지 모르고, 실패할 확률도 있으며, 3년 아니면 5년 후에 어떤 모습으로 세상을 살아갈지 전혀 알 수 없다. 다만 그 결과가 무엇이든 받아들일 각오가 있으며 결과가 나오기 전까지 그저 버티고 있다. 미래에 맞이하는 상황에 대해서는 현실에 맞게 처리하면 될 것이다. 지금까지의 인생이 그렇게 흘러왔듯이 그대로 하면 된다.

어떠한 꾸역꾸역도 각오하는 마음

인생에 우울함이 몰려오더라도 그 시간이 오랫동안 유지되지 않는다. 아무리 긍정적이라고 해도 나 역시 인간이기에 우울함을 느끼지만, 그 감정을 빨리 극복할 힘은 과거에 꾸역꾸역 버티며 살아온 내공에서 비롯된다. 예를 들어 하고 싶은 일이 많은 기질의 사람인 나는 다양한 목표를 달성하기 위해 매 순간 최선을 다하며 살아간다. 하지만 그 결과에 대해서는 철저하게 마음을 비운다. 무언가를 달성하기 위해 노력했지만, 결실을 보지 못할지라도 좌절하지 않는 힘을 숱한 실패를 통해 배웠다.

세상이 원하는 가치에 목숨 걸지 않기에, 지금의 것이 아니어도 나중의 것은 이루어지기에, 그리고 노력과 의지만으로 세상이 굴러가지는 않음을 알고 있기에 마음을 비우고 매사를 진행한다. 주어진 재능을 사용하며 힘을 빼는 인생이 내가 살아갈 삶이다. 그 삶이 꾸역꾸역으로 일관되어도 그렇게 살아낼 것이다. 이미 내가 익숙한 분야라서 내공이 탄탄하므로 이에 관해서 만큼은 누구보다 자신이 있다. 그 자신감으로 불확실성과 인고의 현재를 살아간다.

꾸역꾸역이 뭐 어때서!

초판 1쇄 인쇄 _ 2021년 2월 5일
초판 1쇄 인쇄 _ 2021년 2월 10일
지은이 _ 윤진오
펴낸곳 _ 바이북스
펴낸이 _ 윤옥초
책임 편집 _ 김태윤
책임 디자인 _ 이민영
ISBN _ 979-11-5877-225-3 03190
등록 _ 2005. 7. 12 | 제 313-2005-000148호
서울시 영등포구 선유로49길 23 아이에스비즈타워2차 1005호
편집 02)333-0812 | **마케팅** 02)333-9918 | **팩스** 02)333-9960
이메일 postmaster@bybooks.co.kr
홈페이지 www.bybooks.co.kr

책값은 뒤표지에 있습니다.
책으로 아름다운 세상을 만듭니다. — 바이북스

미래를 함께 꿈꿀 작가님의 참신한 아이디어나 원고를 기다립니다.
이메일로 접수한 원고는 검토 후 연락드리겠습니다.